STAV COHEN

KOCHEN WIE IN
ISRAEL

STAV COHEN

KOCHEN WIE IN ISRAEL

EIN WORT ZUVOR

Kochen hat in meiner Familie eine lange Tradition. Bei Familienfesten werden stets große Mezze-Tafeln aufgetischt und früher oder später entstehen immer leidenschaftliche Diskussionen, wer den besten Hummus zubereitet. In geselliger Runde werden hitzige Debatten darüber geführt, ob er eher leicht und cremig oder stückig und fest sein sollte. Eins war für mich aber immer schon klar: Den besten Hummus gab es bei meiner Oma. Deshalb stand ich immer Stunden mit ihr in der Küche und habe mir ihre Geheimnisse und Kniffe abgeschaut. Heute koche ich eine moderne israelische Küche. Die Rezepte in diesem Buch sind daher eine Mischung aus klassischen Rezepten, denen ich einen modernen Twist gegeben habe und Gerichten, die man auch in einem hippen Restaurant oder einer lässigen Strandbar in Tel Aviv finden könnte.

Denn eines ist sicher: DIE israelische Küche gibt es nicht. Israel ist ein Einwandererland – ein Melting-Pot verschiedenster Kulturen und somit auch ein kulinarisches Mosaik. Es ist beinahe unmöglich herauszufinden, woher welches Gericht stammt, denn die Küche wird von arabischen, europäischen, afrikanischen und vielen weiteren Einflüssen geprägt. Die Food-Szene ist stets in Bewegung und die levantinische Küche mischt sich mit neuen Zutaten und trendigen Gerichten.

So viel wie in meiner Familie über das Essen diskutiert wird, bei einem Thema sind sich alle einig: Nur die hochwertigsten Zutaten sind gut genug. Also machen Sie es doch einfach so, wie es bei uns Tradition ist – kochen Sie mit frischen, bodenständigen Zutaten und geben Sie Ihren Gerichten mit Gewürzen das gewisse Etwas.

Nun will ich Sie ermutigen, über den Tellerrand zu schauen, in die israelische Küche einzutauchen und die vielen köstlichen Rezepte auszuprobieren.

Stav Cohen

ISRAEL-BUCKET-LIST

- **SCHWERELOSIGKEIT SPÜREN:**
  im Toten Meer baden
- **DIE GERÜCHE ISRAELS ENTDECKEN:**
  über den Carmel Market in Tel Aviv schlendern
- **FEIERN, TANZEN, ESSEN:**
  das aufregende Nachtleben in Tel Aviv genießen
- **LEBENDIGEN GLAUBEN SPÜREN:**
  jüdische Klagemauer in Jerusalem erleben
- **DAS GRAB JESU BESUCHEN:**
  die Grabeskirche in Jerusalem ansehen

TRADITION TRIFFT MODERNE

LÄNDER-QUICKIE

Israel ist ein kulinarisches Mosaik – ein Land mit über 60 Nationalitäten. Die verschiedenen Einwanderer aus dem Libanon, aus Syrien, Palästina oder Ägypten haben die Küche durch ihre landestypischen Gerichte geprägt. Durch den kulinarischen Austausch ist ein Paradies für Feinschmecker entstanden. Traditionelle Rezepte, hippes Street-Food und moderne Fusion-Küche spiegeln die Vielfalt Israels auf den Tellern wider.

Essen in Israel ist ein sinnliches Vergnügen.

Tel Aviv steckt voller Kontraste – alte Steinbauten, Wolkenkratzer und Bauhaus-Architektur prägen das Stadtbild.

1 Hummus wird »gewischt«. Mit einem Pita lädt man so viel auf, wie man kann. Nur keinen Löffel benutzen, das gilt als Fauxpas.

2 Auf dem Carmel Market gibt es kulinarische Trends, wie koscheres Craft Beer, lokales Obst und Gemüse oder Streetfood.

3 Angeblich ist Tel Aviv, nach Tokio und New York, die Stadt mit der dritthöchsten Anzahl an Sushi-Läden bezogen auf die Einwohnerzahl. Was der Döner in Berlin, ist Sushi in Tel Aviv.

4 Der Weinanbau boomt in Israel. Die Herstellung von koscherem Wein beaufsichtigt ein Rabbiner, und ein kleiner Teil des Weins wird zugunsten der Armen verschenkt.

5 Klack, klack, klack: Zu einem gelungenen Tag am Strand gehört für viele Israelis »Matkot« (Strandtennis) einfach dazu.

In Israel lieben wir knusprig süßes Gebäck wie Baklava. Gut, dass man es an jeder Ecke kaufen kann.

DIE TOP-5-ZUTATEN

HELDEN DER ISRAELISCHEN KÜCHE

Top 1:
Kreuzkümmel

Kreuzkümmel, auch Cumin genannt, stammt aus dem östlichen Mittelmeerraum und wurde schon in der Antike benutzt. Sein intensives Aroma hat so gar nichts mit dem bei uns bekannten Kümmelaroma gemein. Er ist wichtiger Bestandteil der Gewürzmischungen Ras el Hanout und Baharat. Tipp: Ganze Samen vor der Verwendung kurz anrösten!

Top 2:
Datteln

Datteln werden gerne mal als »Brot der Wüste« bezeichnet. Kein Wunder, enthält die Frucht der Dattelpalme doch jede Menge fruchteigenen Zucker. Die süßen Früchte kommen meist getrocknet in den Handel, sind je nach Sorte eher fest und trocken bis weich und saftig. Sie schmecken pur, werden aber auch gerne in herzhaften Fleischgerichten verwendet.

Top 3:
Granatapfel

Die leuchtend roten Früchte, auf Hebräisch »rimon« genannt, sind eine Augenweide und aus Israels Küchen nicht wegzudenken. Hat man erst einmal die kleinen Kerne aus der Frucht gelöst, kommt man in den Genuss des fruchtigen, süß-säuerlichen Aromas. Die rosa bis dunkelroten, Vitamin-C-haltigen Kerne verfeinern in der israelischen Küche sowohl süße als auch herzhafte Gerichte.

Top 4:
Kichererbsen

Die unscheinbare Hülsenfrucht hat es echt in sich: Kichererbsen sind reich an Eiweiß und Ballaststoffen und daher ganz besonders für die fleischlose Ernährung wichtig. Sie sind die Hauptzutat für Hummus (cremiges Kichererbsenmus) und Falafel (knusprige Kichererbsenbällchen), spielen aber auch sonst eine zentrale Rolle in Israels Küchen und stehen beinahe täglich auf dem Speiseplan.

Top 5:
Tahin

Die cremige Sesampaste wird durch das Mahlen von rohen oder gerösteten Sesamsamen gewonnen. Mal fällt sie heller, mal dunkler aus. Sie schmeckt kräftig nussig bis herb oder sogar bitter. Das Öl, das sich manchmal oben absetzt, einfach gründlich unterrühren, dann ist die Paste wieder sämig. Am besten lagert man sie kühl und dunkel. Unerlässlich ist sie in Hummus, der Kichererbsenpaste.

Die orientalische Küche besticht durch die Vielzahl ihrer Gewürze, die Tajines, Falafeln & Co. ihr wunderbares Aroma verleihen. Darum war es gar nicht so leicht für mich, die fünf wichtigsten Zutaten für die Küche Israels festzulegen. Denn auch Olivenöl, Zitronen, Couscous, Tomaten, Petersilie und Lamm gehören zu den Top-Zutaten. Aber kochen Sie sich doch einfach durch die Rezepte dieses Buches und kreieren Sie Ihre persönliche Hitliste!

3
5
4
1
2

MEZZE

Auf hebräisch bedeutet »Mezatim« so viel wie zahlreiche Schälchen mit kalten Kleinigkeiten als Vorspeise in die Mitte des Tischs zu stellen. Während man munter plaudert und das Beisammensein genießt, bedient man sich nebenher an den köstlichen Mezze.

PITA

פיתה

Pita geht beim Backen stark auf. Kein Wunder, dass sich die Brote nach dem Abkühlen toll füllen lassen. Aber natürlich können Sie damit auch einfach die köstlichen Dips vom Teller aufnehmen ...

Für 8 Stück
Zubereitung: ca. 30 Min.
Gehzeit: ca. 2 Std.
Backzeit: ca. 10 Min.
Pro Stück ca. 245 kcal

½ Pck. Trockenhefe
1 TL Honig
500 g Weizenmehl (Type 550)
2 TL Salz

AUSSERDEM
Mehl zum Arbeiten
Öl für die Schüssel

....

Tipp: Frisch aus dem Ofen schmecken Pita-Brote am besten. Sie lassen sich aber auch gut tiefkühlen. Zum Aufbacken reichen 3 Min. in dem auf 180° vorgeheizten Backofen. Bleiben die Brote länger im Ofen, werden sie hart. Pita sollte man stets warm servieren.

1 Hefe, Honig und 100 ml lauwarmes Wasser in einer kleinen Schüssel verrühren und 10 Min. an einem warmen Ort gehen lassen. Danach das Mehl in eine Rührschüssel geben, Hefemischung, Salz und 210 ml lauwarmes Wasser zugeben und den Teig mit den Knethaken des Handrührgeräts oder in der Küchenmaschine 5 Min. zu einem elastischen, glatten Teig verkneten.

2 Den Teig zur Kugel formen und in einer mit Öl ausgestrichenen Schüssel abgedeckt 1–2 Std. bei Zimmertemperatur bis zum doppelten Volumen gehen lassen. Anschließend auf der bemehlten Arbeitsfläche kurz durchkneten und in acht gleich große Stücke à ca. 100 g schneiden. Diese mit den Händen zu Kugeln rollen und dann zu Kreisen von ca. 12 cm Durchmesser flach drücken. Die Teigkreise auf zwei Bögen Backpapier legen. Abgedeckt ca. 10 Min. gehen lassen.

3 Den Backofen auf 240° vorheizen, dabei ein Backblech mit aufheizen. Das heiße Blech aus dem Ofen nehmen, das erste Backpapier mitsamt den Teigkreisen darauf ziehen und das Blech in den Ofen (Mitte) schieben. Die Pita-Brote ca. 8–10 Min. backen, bis sie sich ballonartig aufgebläht haben und leicht gebräunt sind. Danach aus dem Backofen nehmen und abkühlen lassen. Mit den übrigen Teigkreisen genauso verfahren.

HARISSA

חריסה

Für 12 Portionen
Zubereitung: ca. 20 Min.
Pro Portion ca. 30 kcal

30 g getrocknete milde Chilischoten
10 g getrocknete scharfe Chilischoten
2 Knoblauchzehen
2 EL Zitronensaft
2 EL Olivenöl
2 TL Tomatenmark
½ TL Salz
1 TL gemahlener Kreuzkümmel
1 TL gemahlener Koriander
½ TL getrocknete Minze

AUSSERDEM

1 Schraubglas à 120 ml

1 Die getrockneten Chilischoten (beide Sorten) mit kochend heißem Wasser übergießen und abgedeckt 15 Min. quellen lassen. Dann in ein Sieb abgießen und abtropfen lassen, das Wasser nicht verwenden. Die Chilischoten in einen hohen Rührbecher geben.

2 Knoblauch schälen, grob hacken. Mit 2 EL Zitronensaft, Olivenöl, Tomatenmark und Gewürzen zu den Chilischoten geben und alles fein pürieren. Das Püree nach Belieben mit Salz und Zitronensaft abschmecken.

3 Die Paste in ein sauberes Schraubglas füllen, das Glas fest verschließen und im Kühlschrank aufbewahren. So gelagert ist Harissa mindestens 1 Woche haltbar.

Tipp: Wer es richtig scharf mag, nimmt weniger milde und dafür mehr scharfe Chilischoten. Getrocknete Chilischoten erhalten Sie zum Beispiel in arabischen oder türkischen Läden.

ZA'ATAR
זעתר

Für 12 Portionen
Zubereitung: ca. 15 Min.
Pro Portion ca. 50 kcal

6 EL heller Sesam
2 EL Sumach (türkischer oder arabischer Lebensmittelladen)
6 EL getrockneter Oregano
6 EL getrockneter Thymian
3 TL Meersalz

AUSSERDEM
1 Schraubglas à 120 ml

1 Sesam in einer beschichteten Pfanne ohne Fett bei kleiner Hitze goldbraun rösten, dabei mehrmals umrühren.

2 Gerösteten Sesam abkühlen lassen, dann in einen Mörser geben. Sumach, Oregano, Thymian und Salz zum Sesam dazugeben und im Mörser grob zermahlen.

3 Die fertige Würzmischung in das Schraubglas geben.

Tipp: Za'atar wird gerne zu Fladenbrot gegessen. Dafür ein Stück Fladenbrot abbrechen, in etwas Olivenöl tunken und danach in das Za'atar stippen.

SCHARFE TAHIN-SAUCE

רוטב טחינה חריף

Für 4 Portionen
Zubereitung: ca. 25 Min.
Pro Portion ca. 490 kcal

2 Bio-Zitronen
250 g Tahin (Sesampaste)
2 Knoblauchzehen
½ Bund Koriandergrün
1 kleine rote Chilischote
50 g Pinienkerne
1 EL Olivenöl
Meersalz

1 Eine Zitrone heiß waschen, abtrocknen und die Schale fein abreiben. Dann beide Zitronen halbieren und den Saft auspressen. Tahin, 125 ml Wasser, Zitronenschale und -saft in einen hohen Rührbecher geben und mit dem Pürierstab zu einer cremigen Masse mixen.

2 Knoblauch schälen, fein hacken. Koriander abbrausen, trocken schütteln. Die Blättchen von den Stängeln zupfen und klein schneiden. Die Chilischote waschen, halbieren, Stielansatz, weiße Trennwände und Kerne entfernen. Die Chilihälften klein schneiden. Pinienkerne in einer Pfanne ohne Fett bei kleiner bis mittlerer Hitze unter Rühren goldbraun rösten und herausnehmen.

3 Das Olivenöl in einer Pfanne erhitzen und den Knoblauch darin kurz anbraten – er darf nicht stark bräunen, sonst schmeckt er bitter! Koriander und Chili dazugeben und ganz kurz mit anbraten. Die Tahin-Mischung hinzufügen und erwärmen. Die Sauce mit etwas Meersalz abschmecken und die Pinienkerne unterrühren.

Tipp: Die scharfe Tahin-Sauce passt zu Pita-Brot oder als feuriger Dip zu Gemüse.

ZHUG

סחוג

Für 8 Portionen
Zubereitung: ca. 30 Min.
Pro Portion ca. 70 kcal

1 Bund Petersilie
2 Bund Koriandergrün
1 kleine grüne Chilischote
2 Knoblauchzehen
1 Msp. gemahlener Kardamom
½ TL gemahlener Kreuzkümmel
½ TL gemahlener Koriander
5 EL Olivenöl
2 TL Zitronensaft
Salz

1 Petersilie und Koriander abbrausen, trocken schütteln. Die Blättchen von den Stängeln zupfen und grob schneiden. Chilischote waschen, halbieren, Stielansatz, weiße Trennwände und Kerne entfernen. Die Chilihälften grob hacken. Knoblauch schälen, grob hacken.

2 Kräuter, Chili, Knoblauch, Kardamom, Kreuzkümmel, gemahlenen Koriander und Öl in einen hohen Rührbecher geben und mit dem Pürierstab zu einer cremigen Masse mixen. Mit Zitronensaft und Salz abschmecken.

Tipp: Zhug-Reste in ein sauberes Schraubglas füllen, mit Olivenöl bedecken und im Kühlschrank aufbewahren. So ist es ca. 1 Woche haltbar. Zhug passt zu vielen Gerichten, die ein bisschen kräuterwürzige Schärfe vertragen können. Unerlässlich in Sabich!

PAPRIKACREME

ממרח פפריקה

Für 4 Portionen
Zubereitung: ca. 35 Min.
Pro Portion ca. 130 kcal

1 kg rote Paprika
½ Bund glatte Petersilie
4 Stängel Koriandergrün
1 Knoblauchzehe
1 kleine rote Chilischote
3 EL Olivenöl
1 EL Granatapfelsirup
1 TL gemahlener Kreuzkümmel
Meersalz

1 Den Backofen auf 220° vorheizen. Ein Backblech mit Backpapier auslegen. Die Paprika waschen, halbieren, Stielansatz, weiße Trennwände und Kerne entfernen. Mit der Haut nach oben auf das Blech legen. Im vorgeheizten Backofen (Mitte) ca. 20 Min. rösten, bis die Haut gut gebräunt bis schwarz ist und Blasen wirft.

2 Die Kräuter abbrausen, trocken schütteln. Die Blättchen von den Stängeln zupfen und grob schneiden. Knoblauch schälen und grob hacken. Chili waschen, halbieren, Stielansatz, weiße Trennwände und Kerne entfernen. Die Chilihälften klein schneiden.

3 Die Paprikahälften in einen Tiefkühlbeutel geben. Den Beutel verschließen und das Gemüse lauwarm abkühlen lassen. So sind die Schalen besser abzuziehen. Die Paprika häuten. Das Fruchtfleisch mit Kräutern, Knoblauch, Chili und Öl in einen hohen Rührbecher geben. Mit dem Pürierstab zu einer glatten Creme pürieren.

4 Paprikacreme mit Granatapfelsirup, Kreuzkümmel und Salz abschmecken, in eine Schale füllen und servieren.

MUHAMMARA

מחמרה ממרח פלפלים ואגוזי מלך

Für 4 Portionen
Zubereitung: ca. 35 Min.
Ziehen: ca. 30 Min.
Pro Portion ca. 425 kcal

1 kg rote Paprika
2 Knoblauchzehen
50 g Semmelbrösel
125 g Walnusskerne
2 EL Tomatenmark
1 EL Harissa (scharfe Würzpaste)
2 EL Granatapfelsirup
2 EL Zitronensaft
1 TL gemahlener Kreuzkümmel
4 EL Olivenöl
Meersalz, Pfeffer

1 Den Backofen auf 220° vorheizen. Ein Backblech mit Backpapier auslegen. Die Paprika waschen, halbieren, Stielansatz, weiße Trennwände und Kerne entfernen. Mit der Haut nach oben auf das Blech legen. Im vorgeheizten Backofen (Mitte) ca. 20 Min. rösten, bis die Haut gut gebräunt bis schwarz ist und Blasen wirft.

2 Die Paprikahälften in einen Tiefkühlbeutel geben. Den Beutel verschließen und das Gemüse lauwarm abkühlen lassen. So sind die Schalen besser abzuziehen. Die Paprika häuten. Das Fruchfleisch etwas kleiner schneiden und in einen hohen Rührbecher geben.

3 Knoblauch schälen, grob hacken. Mit Semmelbröseln, Walnusskernen, Tomatenmark, Harissa, Granatapfelsirup und Zitronensaft zur Paprika geben, Kreuzkümmel und Öl hinzufügen. Alle Zutaten mit dem Pürierstab zu einer sämigen Paste pürieren und mindestens 30 Min. ziehen lassen. Nach Belieben mit etwas mehr Harissa, Zitronensaft, Meersalz und Pfeffer abschmecken.

LABANEH

לבנה

Für 4 Portionen
Zubereitung: ca. 30 Min.
Ruhezeit: ca. 24 Std.
Pro Portion ca. 170 kcal

400 g griechischer Joghurt (10 % Fettgehalt)
1 TL Salz
2 EL Olivenöl
2 TL Za'atar (Würzmischung)

1 Joghurt und Salz in einer Schüssel gut verrühren und mittig auf ein sauberes Mulltuch oder Geschirrtuch geben. Die Ecken des Tuchs zusammenbinden.

2 Das Säckchen in ein feines Sieb legen, dieses in eine Schüssel hängen und den Joghurt für mindestens 24 Std. im Kühlschrank abtropfen lassen.

3 Labaneh in eine Servierschale stürzen. Mit Öl beträufeln und mit Za'atar bestreuen. Dazu schmeckt Pitabrot.

Tipp: Gut abgedeckt hält sich der Frischkäse im Kühlschrank etwa 1 Woche. Er ist sehr wandelbar! Sie können 1 EL fein gehackte Kräuter (Minze, Schnittlauch, Basilikum) unterrühren, oder ihn mit 1 TL geriebener Zitronenschale und 1 TL fein zerstoßener Fenchelsamen (Mörser) variieren.

GURKEN-MINZE-JOGHURT

מלפפון ביוגורט עם מנטה

Für 4 Portionen
Zubereitung: ca. 20 Min.
Ziehen: ca. 30 Min.
Pro Portion ca. 170 kcal

⅓ Salatgurke
Salz
400 g griechischer Joghurt (10% Fettgehalt)
1 Knoblauchzehe
½ Bund Minze
2 EL Olivenöl
2 EL Zitronensaft
¼ TL Cayennepfeffer
½ TL gemahlener Kreuzkümmel
Meersalz

1 Die Gurke waschen, abtrocknen und in sehr feine Scheibchen schneiden. In einer Schüssel mit ½ TL Salz mischen und ca. 10 Min. ziehen lassen.

2 Inzwischen den Joghurt in eine Schüssel geben. Den Knoblauch schälen, fein hacken und dazugeben. Die Minze abbrausen, trocken schütteln. Die Blättchen von den Stängeln zupfen und fein hacken.

3 Die Gurkenscheibchen auf ein Sieb geben, gut abtropfen lassen oder mit den Händen kräftig ausdrücken.

4 Gurke, Minze, Olivenöl, Zitronensaft und Gewürze zum Joghurt geben und alles gut verrühren. Mit Meersalz abschmecken. Den Gurken-Minze-Joghurt etwa 30 Min. im Kühlschrank durchziehen lassen.

Tipp: Der Gurken-Minze-Joghurt schmeckt am besten gut gekühlt zu Pita oder anderem Fladenbrot. Er mildert aber auch die Schärfe von Fleischgerichten und ist ein guter Begleiter von eher »krümeligen« Gerichten wie Reis- oder Couscouspfannen.

HUMMUS – ES GEHT NICHT OHNE!

Hummus können die meisten Israelis jeden Tag essen: Ob zu Hause, im Restaurant, an der Hummus-Bude oder auf der Straße. Hauptsache er ist schön cremig und fluffig!

Ein Leben ohne Hummus ist in der gesamten arabischen Welt nur schwer vorstellbar: Das typische »middle east dish« lieben einfach alle! Und wenn sich in einem israelischen Restaurant, Café oder Imbiss Araber und Juden gemeinsam über ihre Teller mit Hummus beugen, dann sind, zumindest für ein Weilchen, politische, religiöse und ethnische Differenzen weit weg.

Hummus ist die hebräische Bezeichnung für Kichererbsen – diese bilden den Hauptbestandteil der cremigen Paste, die es schon seit der Antike gibt. Die Kochzeit der Kichererbsen variiert je nach Sorte und Alter, Hauptsache, die Hülsenfrüchte sind am Ende wirklich weich. Wer will, kann sie dann noch häuten. Hierfür die gekochten Kichererbsen mit den Fingern aus den Häutchen drücken. Zugegeben, das braucht seine Zeit, das Ergebnis ist aber eine besonders glatte, feine Paste.

Das allgegenwärtige Kichererbsenpüree ist Grundlage vieler Gerichte und wird auch gerne warm gegessen. Zudem gibt es zahlreiche Variationsmöglichkeiten: Man kann gekochte oder ofengeröstete Rote Bete, Kürbis oder Süßkartoffel mit pürieren, und mit einem Teil gekochter Erbsen oder einer großen Handvoll frischer Kräuter wird der Hummus schön grün – einfach mal ausprobieren!

HUMMUS

חומוס

Für 4 Portionen
Einweichzeit: ca. 12 Std.
Kochzeit: ca. 40 Min.
Zubereitung: ca. 20 Min.
Pro Portion ca. 320 kcal

200 g getrocknete Kichererbsen
1 TL Natron
Salz
2 Knoblauchzehen
100 g Tahin (Sesampaste)
3 EL Zitronensaft
1 TL gemahlener Kreuzkümmel

AUSSERDEM
sehr gutes Olivenöl und Bio-Zitronenscheiben zum Anrichten

....

Tipp: Wer sich die Zeit fürs Einweichen und Garen der Kichererbsen sparen möchte, kann auch auf Hülsenfrüchte aus dem Vorrat ausweichen. Verwenden Sie hierzu 2 Dosen oder 2 Gläser Kichererbsen (à 250 g Abtropfgewicht).

1 Am Vortag die Kichererbsen in ein Sieb geben und gründlich abspülen, bis das Wasser klar abläuft. Dann in einer großen Schüssel mit kaltem Wasser bedecken und über Nacht (oder mind. 12 Std.) einweichen.

2 Die Kichererbsen am nächsten Tag in ein Sieb abgießen, in einen Kochtopf geben und mit Natron, 1,5 l Wasser und 1 TL Salz zum Kochen bringen. Bei kleiner bis mittlerer Hitze und leicht geöffnetem Deckel 30–40 Min. kochen, bis die Kichererbsen ganz weich sind.

3 Den Knoblauch schälen. Die Kichererbsen am Ende der Garzeit abgießen, in einen hohen Rührbecher geben und mit dem Pürierstab pürieren.

4 100 ml kaltes Wasser, Tahin, Zitronensaft, Knoblauch, Kreuzkümmel und Salz hinzufügen und so lange untermixen, bis eine glatte, cremige Paste entstanden ist. Diese bis zum Servieren abdecken und kühl stellen.

5 Vor dem Servieren das Hummus durchrühren und in eine Schale geben. Mit Öl und Zitronenscheiben anrichten. Besonders gut passt dazu Pitabrot zum Dippen!

ROTE-BETE-SALAT MIT LABANEH UND FEIGEN

סלט סלק עם לבנה ותאנים

Ein Salat ganz nach meinem Geschmack, denn er hat von allem etwas: Er ist erfrischend, säuerlich, fruchtig, cremig und würzig und macht satt. Sieht auch mit bunter Bete toll aus!

Für 4 Portionen
Garzeit: ca. 1 Std.
Zubereitung: ca. 20 Min.
Pro Portion ca. 275 kcal

600 g kleine bis mittelgroße Rote Bete
5 EL Olivenöl
Salz, Pfeffer
½ eingelegte Salzzitrone
4 EL Zitronensaft
2 TL flüssiger Honig
4 Feigen
150 g Labaneh (ersatzweise Frischkäse)
4 Stängel Minze
1 TL Sumach (türkischer oder arabischer Lebensmittelladen)

AUSSERDEM
1 Auflaufform (ca. 24 × 32 cm)

1 Backofen auf 200° vorheizen. Die Roten Beten in eine Auflaufform geben, mit 1 EL Olivenöl einreiben und mit Salz und Pfeffer würzen. Die Form abdecken und das Gemüse im Ofen in 50–60 Min. weich garen.

2 Für die Sauce die Schale der Salzzitrone in feine Würfel schneiden. Zitronensaft, übriges Olivenöl (4 EL), Honig, Zitronenwürfel sowie etwas Salz und Pfeffer verrühren. Die Feigen waschen, abtrocknen, die Stielansätze entfernen. Die Früchte in feine Scheiben schneiden.

3 Die Roten Beten aus dem Ofen nehmen, etwas abkühlen lassen. Dann die Haut mit einem kleinen Küchenmesser abschälen. Dabei am besten dünne Einmalhandschuhe tragen, da die Beten stark färben. Die Beten in dünne Scheiben schneiden und auf eine Servierplatte legen.

4 Die Feigen auf den Roten Beten anrichten. Aus der Labaneh mit einem Teelöffel kleine, lockere Nocken stechen und darauf verteilen. Die Minze abbrausen, trocken schütteln. Die Blättchen von den Stängeln und klein zupfen. Die Sauce über die Zutaten träufeln und alles mit Minzeblättchen und Sumach bestreuen.

FATTOUSH MIT HALLOUMI

סלט פטוש עם גבינת חלומי

Der ursprünglich aus dem Libanon stammende Brotsalat darf auf keiner Mezze-Tafel fehlen. Ich röste das Brot im Ofen, statt es zu frittieren – für weniger Kalorien bei vollem Geschmack!

Für 4 Portionen
Zubereitung: ca. 30 Min.
Pro Portion ca. 465 kcal

200 g flaches, arabisches Fladenbrot
2 EL Zitronensaft
1 EL Granatapfelsirup
1 EL flüssiger Honig
1 TL Sumach (türkischer oder arabischer Lebensmittelladen)
4 EL Olivenöl
Salz, Pfeffer
150 g Salat-Mix
(z. B. Baby-Leaves)
½ Salatgurke
1 rote Zwiebel
2 Stängel Minze
250 g Halloumi

....

Tipp: Wenn Sie kein arabisches Fladenbrot bekommen, können Sie ersatzweise Yufkafladen (türkischer Laden) oder Weizen-Tortillas (aus dem Supermarkt) verwenden.

1 Den Backofengrill vorheizen. Das Brot auf ein Backblech geben und 2–4 Min. im Ofen knusprig rösten. Herausnehmen, abkühlen lassen und in kleine Stücke brechen.

2 Für die Sauce Zitronensaft, Granatapfelsirup, Honig, Sumach und 3 EL Öl verrühren. Salzen und pfeffern.

3 Salat waschen, trocken schleudern. Die Gurke waschen, abtrocknen, längs halbieren und quer in dünne Scheiben schneiden. Zwiebel schälen, halbieren, in feine Streifen schneiden. Die Minze abbrausen, trocken schütteln. Die Blättchen von den Stängeln und klein zupfen. Alle Zutaten und das Brot in einer Schüssel mischen und ziehen lassen, während der Halloumi gebraten wird.

4 Halloumi trocken tupfen, in zentimeterdicke Scheiben schneiden. 1 EL Öl in einer beschichteten Pfanne erhitzen. Die Scheiben pro Seite 1 Min. anbraten. Salat und Halloumi auf Teller verteilen und sofort servieren.

SPINATSALAT MIT DATTELN UND AVOCADO

סלט תרד עם תמרים ואבוקדו

Für 4 Portionen
Zubereitung: ca. 25 Min.
Pro Portion ca. 425 kcal

2 EL Zitronensaft
1 EL Granatapfelsirup
1 EL Dattelsirup
2 TL Baharat
½ TL Chiliflocken
4 EL Olivenöl
Salz, Pfeffer
75 g Mandeln
100 g getrocknete Datteln
1 kleiner Fenchel
1 reife Avocado
150 g Baby-Blattspinat

....

Tipp: In Israel – wie überhaupt in der gesamten Levante – werden Salate gerne mit Granatapfelsirup verfeinert. Der säuerlich schmeckende, dickflüssige Sirup entsteht, indem man den Fruchtsaft einkochen lässt. Das Ergebnis hat nichts mit süßem Grenadine-Sirup zu tun! Granatapfelsirup erhalten Sie in arabischen oder türkischen Geschäften, leider enthalten auch dort die meisten Sorten viel Zucker. Wenn Sie den Sirup zuckerfrei herstellen wollen, dann lassen Sie einfach eine Flasche Granatapfelsaft (Bioladen oder Reformhaus) in 25–30 Min. bei geringer Hitze einkochen, bis die Flüssigkeit sirupartig ist.

1 Für die Sauce Zitronensaft, Granatapfelsirup, Dattelsirup, 1 TL Baharat, Chiliflocken und Olivenöl kräftig verrühren. Mit Salz und Pfeffer würzen.

2 Die Mandeln grob hacken. In einer beschichteten Pfanne ohne Fett bei mittlerer Hitze kurz anrösten, bis sie leicht gebräunt sind. Herausnehmen und abkühlen lassen.

3 Datteln ggf. entsteinen und klein schneiden. Den Fenchel putzen, waschen und halbieren, dabei den Strunk herausschneiden. Das Fenchelgrün klein hacken. Die Fenchelhälften in feine Streifen schneiden. Die Avocado halbieren, entkernen. Das Fruchtfleisch mit einem Löffel aus der Schale heben und in Scheiben schneiden.

4 Alle Zutaten in eine weite Schüssel geben und mit der Sauce vermischen. Etwa 15 Min. durchziehen lassen.

5 Inzwischen den Spinat waschen, trocken schleudern. Am Ende der Ziehzeit unter den Salat mischen. Den Salat abschmecken und ggf. mit Salz, Pfeffer und Baharat nachwürzen. Auf Tellern anrichten und sofort servieren.

GURKEN-TOMATEN-SALAT

סלט מלפפונים ועגבניות

Für 4 Portionen
Zubereitung: ca. 15 Min.
Pro Portion ca. 120 kcal

4 aromatische Tomaten
1 Salatgurke
1 weiße Zwiebel
1 kleine grüne Chilischote (ersatzweise rot)
3 Stängel Minze
3 Stängel Petersilie
1 Knoblauchzehe
4 EL Zitronensaft
4 EL Olivenöl
Meersalz, Pfeffer

1 Tomaten waschen, halbieren und vom Stielansatz befreien. Die Tomatenhälften in grobe Würfel schneiden. Gurke waschen, abtrocknen, längs halbieren und die Kerne mit einem Teelöffel herausschaben. Gurke fein würfeln.

2 Die Zwiebel schälen, halbieren und in feine Streifen schneiden. Die Chili waschen, halbieren, Stielansatz, weiße Trennwände und Kerne entfernen. Die Chilihälften fein hacken. Alle Zutaten in einer Schüssel mischen.

3 Minze und Petersilie abbrausen, trocken schütteln. Die Blätter von den Stängeln zupfen und klein hacken. Knoblauch schälen, fein hacken. Minze, Petersilie, Knoblauch, Zitronensaft, Olivenöl sowie etwas Salz und Pfeffer verquirlen und mit dem Gemüse vermischen. Den Salat auf vier Tellern anrichten und sofort genießen.

Tipp: Dieser einfache Salat wird vor allem im Sommer häufig zubereitet. Dann gibt es die besten, sonnengereiften Tomaten, die ausschlaggebend für den aromatischen Geschmack sind. Noch feiner wird der Salat, wenn Sie die Tomaten vor dem Kleinschneiden häuten. Statt weißer Zwiebel können Sie auch 2 oder 3 Frühlingszwiebeln in feine Röllchen schneiden und untermischen.

PETERSILIENSALAT

סלט פטרוזיליה

Für 4 Portionen
Zubereitung: ca. 25 Min.
Pro Portion ca. 170 kcal

50 g feiner Bulgur (Köftelik-Bulgur)
1 Zwiebel
6 Tomaten (300 g)
3 große Bund glatte Petersilie (ca. 120 g)
1 Bund Minze
5 EL Zitronensaft
4 EL Olivenöl
1 TL Baharat
Salz, Pfeffer

1 Den Bulgur in ein feines Sieb geben, kalt abspülen, bis das Wasser klar abläuft und gut abtropfen lassen. Dann in eine große Schüssel umfüllen, mit 100 ml heißem Wasser verrühren und etwa 30 Min. quellen lassen.

2 In der Zwischenzeit die Zwiebel schälen und sehr fein hacken. Tomaten waschen, halbieren und vom Stielansatz befreien. Die Tomatenhälften in sehr feine Würfel schneiden.

3 Petersilie und Minze abbrausen, trocken schütteln. Dicke Stängel abschneiden. Die Blätter und dünnen Stiele mit einem großen Messer so fein wie möglich schneiden oder hacken. Je feiner, desto besser wird der Salat!

4 Den Bulgur mit einer Gabel auflockern. Zwiebel, Tomaten, Kräuter, 4 EL Zitronensaft, Olivenöl und Baharat untermischen. Den Salat mit Salz und Pfeffer abschmecken und nach Belieben noch etwas Zitronensaft unterrühren.

Tipp: Feinen Bulgur (Köftelik-Bulgur) gibt es in arabischen oder türkischen Lebensmittelgeschäften zu kaufen. Den gängigen, gröberen Couscous aus dem Supermarkt sollten Sie dagegen erst 5 Min. kochen und dann ausquellen lassen, er bleibt sonst zu hart.

GERÖSTETER BLUMENKOHLSALAT

סלט כרובית קלויה

Wer noch nie ofengerösteten Blumenkohl gemacht hat, sollte diesen Salat unbedingt ausprobieren! Er könnte ein heißgeliebter Dauerbrenner auf Ihrer Vorspeisen-Tafel werden!

Für 4 Portionen
Zubereitung: ca. 45 Min.
Pro Portion ca. 390 kcal

1 großer Blumenkohl (ca. 1200 g)
6 EL Olivenöl
Salz, Pfeffer
100 g Haselnusskerne
½ Granatapfel
1 Bund Petersilie
4 Stängel Dill
4 Stängel Minze
1 Bio-Zitrone
1 EL flüssiger Honig
1-2 TL Ras el Hanout
½ TL Zimtpulver

AUSSERDEM
1 Auflaufform (ca. 24 × 32 cm)

1 Backofen auf 220° vorheizen. Den Blumenkohl putzen. Die Röschen vom Strunk schneiden, waschen und gut abtropfen lassen. Anschließend in eine ofenfeste Form geben, mit 3 EL Öl beträufeln, mit Salz und Pfeffer würzen und alles gut durchmischen. Im Ofen (Mitte) 25–30 Min. backen, bis der Blumenkohl gar und knusprig gebräunt ist. Dann aus dem Ofen nehmen und abkühlen lassen.

2 Parallel dazu die Nüsse auf ein mit Backpapier ausgelegtes Blech geben und etwa 10 Min. im Ofen (unten) mitrösten, bis sie gut gebräunt sind. Herausnehmen und etwas abkühlen lassen, dann die Häutchen mit einem Geschirrtuch abrubbeln. Die Nüsse grob hacken.

3 Die Granatapfelhälfte entkernen. Die Kräuter abbrausen, trocken schütteln. Die Blätter von den Stängeln zupfen und klein schneiden. Die Zitrone heiß waschen, abtrocknen. Die Schale fein abreiben, den Saft auspressen.

4 Das übrige Olivenöl (3 EL) mit Zitronenschale, 3 EL Zitronensaft, Honig, Ras el Hanout und Zimt verrühren, mit Salz und Pfeffer abschmecken. Blumenkohl, gehackte Nüsse, Granatapfelkerne, Kräuter und Sauce miteinander vermischen und etwa 10 Min. durchziehen lassen.

SÜSSKARTOFFEL-LINSEN-PLÄTZCHEN

קציצות מבטטה ועדשים

Für 4 Portionen
Zubereitung: ca. 45 Min.
Pro Portion ca. 530 kcal

FÜR DIE PLÄTZCHEN

600 g Süßkartoffeln
7 EL Olivenöl
Salz, Pfeffer
1 rote Zwiebel
2 Knoblauchzehen
4 Frühlingszwiebeln
1 kleine rote Chilischote
1 TL Cayennepfeffer
2 TL Baharat
1 Dose rote Linsen
(400 g Abtropfgewicht)
75 g getrocknete Tomaten (in Öl)
1 Bund Koriandergrün
5 EL Semmelbrösel

FÜR DEN KNOBLAUCHDIP

½ Bio-Zitrone
2 Knoblauchzehen
200 g Joghurt
Salz, Pfeffer

AUSSERDEM

1 Auflaufform (ca. 24 × 32 cm)

....

Tipp: Statt 12 kleiner Plätzchen können Sie auch 6 größere formen – dann haben sie die perfekte Größe, um mit ein paar Salatblättern, Tomaten und ein, zwei Dips einen Burger daraus zu machen.

1 Den Backofen auf 200° vorheizen. Die Süßkartoffeln waschen, schälen und in ca. 4 cm große Würfel schneiden. In eine Auflaufform geben und mit 1 EL Olivenöl sowie etwas Salz und Pfeffer mischen. Die Form abdecken und die Würfel etwa 20 Min. im vorgeheizten Backofen (Mitte) garen, bis sie weich und gebräunt sind.

2 Inzwischen Zwiebel und Knoblauch schälen und fein würfeln. Die Frühlingszwiebeln putzen, waschen und mit dem Grün in feine Röllchen schneiden. Chili waschen, halbieren, Stielansatz, weiße Trennwände und Kerne entfernen. Die Chilihälften fein hacken.

3 In einer Pfanne 1 EL Öl erhitzen. Zwiebel und weiße Frühlingszwiebelröllchen darin kurz andünsten. Übrige Frühlingszwiebeln, Knoblauch, Chili, Cayennepfeffer und Baharat dazugeben, unterrühren und etwa 2 Min. mit anrösten, dann die Pfanne vom Herd nehmen.

4 Die Linsen in ein Sieb geben, kalt abspülen und gut abtropfen lassen. Die getrockneten Tomaten abtropfen lassen und fein hacken. Das Koriandergrün abbrausen, trocken schütteln. Blättchen und Stängel fein hacken.

5 Die Süßkartoffeln aus dem Ofen nehmen und mit einer Gabel zerdrücken. Alle übrigen Zutaten untermischen. Mit Salz und Cayennepfeffer herzhaft abschmecken.

6 Pfanne mit Küchenpapier auswischen. Aus der Kartoffelmasse mit angefeuchteten Händen 12 große Plätzchen formen und portionsweise in jeweils 1 EL heißem Öl bei mittlerer Hitze von beiden Seiten je 2–3 Min. braten, bis die Plätzchen knusprig gebräunt sind.

7 Für den Knoblauchdip die Zitrone heiß waschen, abtrocknen und 1 TL Schale fein abreiben. Die Zitrone halbieren und den Saft auspressen. Den Knoblauch schälen, grob hacken, mit etwas Salz bestreuen und mit einer großen Messerklinge fein zerquetschen. Mit Joghurt, Zitronensaft und -schale verrühren. Die Sauce mit Salz und Pfeffer abschmecken und mit den Plätzchen anrichten.

COUSCOUS-SALAT MIT MELONE UND FENCHEL

סלט קוסקוס עם מלון ושומר

Für Couscous-Salate gibt es bei uns unzählige Rezepte. Meine Version mit Melone, Fenchel, Minze und Berberitzen ist eine moderne und sehr feine Variante des beliebten Klassikers.

Für 4 Portionen
Zubereitung: ca. 40 Min.
Ziehen: mind. 4 Std.
Pro Portion ca. 405 kcal

150 g Couscous
Salz
½ Salatgurke
250 g Kirschtomaten
1 kleiner Fenchel
1 rote Zwiebel
2 Bund glatte Petersilie
1 Bund Minze
2 TL Fenchelsamen
30 g Berberitzen
6 EL Zitronensaft
5 EL Olivenöl
Pfeffer
½ Honigmelone

....

Tipp: Getrocknete Berberitzen sind mal bräunlich, mal leuchtend rot. Die kleinen Beeren schmecken säuerlich – kein Wunder, sie enthalten viel Vitamin C! Berberitzen können Sie in gut sortierten Supermärkten oder in türkischen Lebensmittelgeschäften kaufen.

1 Couscous in einer Schüssel mit 200 ml kaltem Wasser und ½ TL Salz verrühren und ca. 10 Min. quellen lassen.

2 Inzwischen die Gurke putzen, schälen, längs halbieren, entkernen und fein würfeln. Die Tomaten waschen und halbieren. Den Fenchel putzen, waschen und halbieren, dabei den Strunk herausschneiden. Das Fenchelgrün klein hacken. Die Fenchelhälften in sehr feine Streifen schneiden. Die Zwiebel schälen und fein würfeln.

3 Petersilie und Minze abbrausen, trocken schütteln. Die Blätter von den Stängeln zupfen und fein hacken. Die Fenchelsamen im Mörser grob zerstoßen. Den Couscous mit einer Gabel auflockern und zusammen mit den vorbereiteten Zutaten in eine Schüssel geben. Die Berberitzen untermischen.

4 5 EL Zitronensaft und 4 EL Olivenöl mit etwas Salz und Pfeffer kräftig verquirlen. Die Sauce unter die Couscous-Mischung rühren. Den Salat abdecken und mindestens 4 Std. an einem kühlen Ort ziehen lassen.

5 Kurz vor dem Anrichten die Melone entkernen, dann schälen und in dünne Scheiben schneiden. Den Salat vor dem Servieren unbedingt noch einmal abschmecken und ggf. mehr Salz, Pfeffer, Zitronensaft und Olivenöl zugeben. Melonenscheiben unterheben und servieren.

SPITZPAPRIKA MIT FETA-FÜLLUNG

פלפלים מתוקים ארוכים במלוי פטה

Für 4 Portionen
Zubereitung: ca. 25 Min.
Garzeit: ca. 20 Min.
Pro Portion ca. 785 kcal

FÜR DIE SPITZPAPRIKA

8 lange rote Spitzpaprika (ca. 800 g)
100 g schwarze Oliven (entsteint)
1 Bund glatte Petersilie
½ Bund Dill
3 Knoblauchzehen
200 g Frischkäse
500 g Schafskäse (Feta)
1 TL gemahlener Piment
1 TL Cayennepfeffer
3 EL Olivenöl

FÜR DIE GARNIERUNG

4 EL Zitronensaft
1 EL Granatapfelsirup
1 EL Honig
1 TL Za'atar (Würzmischung)
3 EL Olivenöl
Salz, Pfeffer
50 g Pistazien (mit Schale, gesalzen)

AUSSERDEM

1 große Auflaufform (ca. 24 × 32 cm)
Olivenöl zum Fetten der Form

1 Die Paprika waschen, abtrocknen und längs einschneiden (nicht halbieren!). Stielansätze, weiße Trennwände und Kerne so gut es geht herauslösen.

2 Für die Füllung Oliven grob hacken. Die Kräuter abbrausen, trocken schütteln. Die Blättchen bzw. Spitzen von den Stängeln zupfen und klein schneiden, 2 EL davon beiseitestellen. Den Knoblauch schälen und fein hacken.

3 Frischkäse mit Oliven, übrigen Kräutern und Knoblauch verrühren. Den Feta fein zerkrümeln und untermischen. Die Füllung mit Piment und Cayennepfeffer würzen.

4 Backofen auf 200° vorheizen. Eine große Auflaufform mit Olivenöl einstreichen. Die Käsecreme in die Paprika füllen und dabei etwas andrücken. Die gefüllten Paprika in die Auflaufform setzen und mit Olivenöl beträufeln. Im vorgeheizten Ofen (Mitte) ca. 20 Min. backen, bis die Paprika gar sind und die Füllung leicht gebräunt ist.

5 In der Zwischenzeit für die Sauce Zitronensaft, Sirup, Honig und Za'atar verrühren. Das Öl kräftig unterschlagen und alles mit Salz und Pfeffer würzen. Die Pistazien aus den Schalen lösen und grob hacken.

6 Die Paprika aus dem Ofen nehmen und auf vier Teller verteilen. Die Sauce darüberträufeln. Mit den Pistazien und den übrigen Kräutern bestreuen und servieren.

GEBRATENE AUBERGINEN

חצילים מטוגנים

Nicht nur ein Gaumen-, sondern auch ein Augenschmaus! Die gebratenen Auberginen werten jede Vorspeisentafel optisch auf. Das Tolle daran: Sie lassen sich bestens vorbereiten!

Für 4 Portionen
Zubereitung: ca. 50 Min.
Pro Portion ca. 340 kcal

FÜR DAS GEMÜSE

2 kleine Auberginen (ca. 500 g)
Salz
200 g TK-dicke Bohnen
4 EL Zitronensaft
8 EL Olivenöl
1 TL Sumach (türkischer oder arabischer Lebensmittelladen)
Pfeffer

FÜR DIE SAUCE

1 Bund Minze
½ Bund Petersilie
2 Knoblauchzehen
250 g Joghurt
2 EL Zitronensaft
Meersalz, Pfeffer

AUSSERDEM

50 g Cashewkerne

1 Auberginen putzen, waschen, abtrocknen und quer in etwa 1 cm dicke Scheiben schneiden. Die Scheiben in ein großes Sieb geben, mit etwa 1 EL Salz bestreuen und ungefähr 30 Min. Wasser ziehen lassen.

2 Inzwischen die TK-Bohnen in kochendem Salzwasser 2 Min. garen, dann in ein Sieb abgießen, kalt abschrecken und abtropfen lassen. Die grünen Bohnenkerne aus den Häutchen drücken. In einer Schüssel mit 2 EL Zitronensaft, 2 EL Olivenöl, Sumach, Salz und Pfeffer mischen und ein paar Minuten durchziehen lassen.

3 Für die Kräutersauce Minze und Petersilie abbrausen, trocken schütteln. Die Blätter von den Stängeln zupfen und je 1 EL beiseitestellen. Übrige Kräuter grob hacken. Den Knoblauch schälen. Gehackte Kräuter, Knoblauch, Joghurt und Zitronensaft in einen hohen Rührbecher geben und mit dem Pürierstab fein pürieren. Die Sauce mit Meersalz und Pfeffer abschmecken.

4 Cashewkerne in einer Pfanne ohne Fett kurz anrösten, dann abkühlen lassen und grob hacken. Auberginenscheiben unter kaltem Wasser abspülen und gut trocken tupfen. Je 2–3 EL Olivenöl in einer weiten beschichteten Pfanne erhitzen. Die Auberginenscheiben darin portionsweise von beiden Seiten je 1–2 Min. kräftig anbraten, danach mit Meersalz und Pfeffer würzen und zum Entfetten auf mehrere Lagen Küchenpapier legen.

5 Die Auberginen auf einer Servierplatte mit der Kräutersauce und den Bohnen anrichten. Die beiseitegestellten Kräuter und gerösteten Cashewkerne darüberstreuen.

GERÖSTETE MÖHREN MIT AVOCADO-MUS

גזר קלוי עם ממרח אבוקדו

Zu dieser Vorspeise hat mich ein Besuch in einem der vielen hippen Cafés in Tel Aviv inspiriert. So vielfältig wie die Bewohner der Stadt, so bunt ist dieses Gericht!

Für 4 Portionen
Zubereitung: ca. 45 Min.
Pro Portion ca. 555 kcal

600 g Möhren
2 TL Kreuzkümmel
2 TL Fenchelsamen
2 EL Granatapfelsirup
3 TL Honig
6 EL Olivenöl
Salz, Pfeffer
50 g Pinienkerne
2 dünne Stangen Staudensellerie
2 Orangen
4 Stängel Petersilie
4 Stängel Minze
2 reife Avocados
6 EL Zitronensaft
½ TL Zimtpulver

AUSSERDEM
1 große Auflaufform
(ca. 24 × 32 cm)

1 Backofen auf 200° vorheizen. Möhren putzen, waschen, schälen und je nach Dicke im Ganzen lassen oder längs halbieren. Nebeneinander in die Auflaufform legen.

2 Kreuzkümmel und Fenchelsamen im Mörser grob zerstoßen. Mit Granatapfelsirup, 2 TL Honig, 3 EL Olivenöl sowie etwas Salz und Pfeffer gut verrühren und gleichmäßig über die Karotten träufeln. Im vorgeheizten Ofen (Mitte) ca. 25 Min. garen, bis die Karotten weich und gut gebräunt sind. Zwischendurch ein- bis zweimal wenden.

3 Pinienkerne in einer Pfanne ohne Fett goldbraun rösten. Den Staudensellerie putzen, waschen und in feine Scheibchen schneiden. Die Orangen bis ins Fruchtfleisch schälen, sodass auch die weiße Haut entfernt wird. Die Filets zwischen den Trennwänden herauslösen, den Saft auffangen. Kräuter abbrausen, trocken schütteln. Die Blättchen von den Stängeln zupfen, grob schneiden.

4 Für das Avocado-Mus die Avocados halbieren und entkernen. Das Fruchtfleisch mit einem Löffel aus der Schale heben und grob schneiden. Die Stücke in einen hohen Rührbecher geben und mit 3 EL Zitronensaft cremig-fein pürieren. Mit Salz und Pfeffer würzen.

5 Für die Sauce 3 EL Zitronensaft und 3 EL Olivenöl mit 1 TL Honig und dem Zimtpulver verrühren. Den aufgefangenen Orangensaft untermischen.

6 Die Karotten aus dem Ofen nehmen und auf eine Servierplatte legen. Pinienkerne, Staudensellerie, Orangenfilets und Kräuter darauf geben, locker vermischen und mit Sauce beträufeln. Dazu das Avocado-Mus reichen.

HAUPTGERICHTE MIT FLEISCH UND FISCH

In den Regionen am Mittelmeer und rund um den See Genezareth kommt mit Vorliebe fangfrischer Fisch auf die Teller. Beim Fleisch verzichten Moslems und Juden auf Schwein – Rind, Lamm und Geflügel werden jedoch gerne gegessen.

RINDER-KÖFTE MIT TAHIN UND SALSA

קופטה מבשר בקר עם טחינה

Kofta, Kufteh, Kifta – die Namen unterscheiden sich ein wenig, aber die länglichen Hackfleischspieße werden in der ganzen Levante geliebt. Sie schmecken auch toll vom Grill!

Für 4 Portionen
Zubereitung: ca. 70 Min.
Pro Portion ca. 625 kcal

FÜR DIE KÖFTE

1 rote Zwiebel
2 Knoblauchzehen
½ Bund glatte Petersilie
4 Stängel Minze
4 Datteln
600 g Rinderhackfleisch
½ TL Zimtpulver
½ TL gemahlener Piment
½ TL Chiliflocken
Salz
1 EL Olivenöl

FÜR DIE TAHIN-SAUCE

100 g Tahin (Sesampaste)
2 EL Zitronensaft
1 Knoblauchzehe
1 TL gemahlener Kreuzkümmel
Salz, Pfeffer

FÜR DIE TOMATEN-SALSA

250 g Kirschtomaten
2 EL Zitronensaft
3 EL Olivenöl
1 TL Honig
Salz
½ TL Chiliflocken

AUSSERDEM

8 Holzspieße (ca. 20 cm lang)
1 Bio-Zitrone

1 Die Holzspieße ca. 30 Min. wässern. Inzwischen für die Köfte Zwiebel und Knoblauch schälen und sehr fein würfeln. Petersilie und Minze abbrausen, trocken schütteln. Die Blätter jeweils von den Stängeln zupfen und fein hacken. Datteln ggf. entsteinen und sehr fein hacken. 2 EL gehackte Minze beiseitestellen. Hackfleisch, Zwiebel, Knoblauch, Kräuter, Zimt, Piment und Chiliflocken gründlich vermischen und mit Salz würzen.

2 Aus der Hackmasse 8 Würstchen formen. Den Backofen auf 250° vorheizen. Ein Backblech mit Backpapier auslegen. Die Spieße aus dem Wasser nehmen, die Köfte längs darauf stecken und auf das Backblech legen. Die Köfte mit Olivenöl einreiben. Im vorgeheizten Ofen (obere Mitte) 10–15 Min. garen, bis sie kräftig gebräunt sind, dabei zwischendurch einmal wenden.

3 Für die Tahin-Sauce Sesampaste, Zitronensaft und 6–8 EL Wasser zu einer dickflüssigen Sauce verrühren. Knoblauch schälen, fein hacken und hinzufügen. Die Sauce mit Kreuzkümmel, Salz und Pfeffer abschmecken.

4 Für die Salsa Tomaten waschen, vierteln. Zitronensaft, Öl, Honig, etwas Salz und Chiliflocken kräftig verrühren. Tomaten und die beiseitegestellte Minze unterrühren.

5 Die Zitrone heiß waschen, abtrocknen und in acht Spalten schneiden. Zum Anrichten die Tahin-Sauce auf einer Servierplatte verstreichen. Die Spieße aus dem Ofen nehmen und darauflegen. Zuletzt die Tomaten-Salsa und die Zitronenspalten darauf verteilen.

WIRSINGROULADEN

רולדות בעלי כרוב

Für 4 Portionen
Zubereitung: ca. 50 Min.
Garzeit: ca. 30 Min.
Pro Portion ca. 565 kcal

1 großer Wirsing
Salz
125 g Bulgur
50 g Korinthen
½ Bund Petersilie
½ Bund Dill
75 g Walnusskerne
750 g Tomaten
1 Zwiebel
2 Knoblauchzehen
300 g Rinderhackfleisch
2 TL Ras el Hanout
2 TL edelsüßes Paprikapulver
Pfeffer
2 EL Olivenöl
250 ml Gemüsebrühe

AUSSERDEM
Zahnstocher

1 Den Wirsing waschen, dann den Strunk herausschneiden und 12 große Blätter ablösen. Die Kohlblätter portionsweise in kochendem Salzwasser 1–2 Min. garen, bis sie biegsam sind, danach herausnehmen und gut abtropfen lassen. Dicke Mittelrippen etwas flacher schneiden.

2 Für die Füllung Bulgur und Korinthen in eine Schüssel geben, mit 250 ml kochendem Wasser übergießen und ungefähr 10 Min. durchziehen lassen.

3 Die Kräuter abbrausen, trocken schütteln. Die Blättchen bzw. Spitzen von den Stängeln zupfen und fein hacken. Die Nüsse grob hacken. Die Tomaten kreuzweise einschneiden und in einer Schüssel mit kochend heißem Wasser übergießen. Kurz stehen lassen, dann abgießen und kalt abschrecken. Tomaten häuten, grob würfeln.

4 Zwiebel und Knoblauch schälen, fein hacken. Bulgur und Korinthen in ein Sieb abgießen und abtropfen lassen. Mit Hackfleisch, Kräutern, Walnusskernen, Ras el Hanout, der Hälfte der Zwiebeln und des Knoblauchs in eine Schüssel geben. Das Paprikapulver dazugeben und alles gründlich mischen und verkneten. Bulgur-Fleisch-Mischung mit Salz und Pfeffer würzen.

5 Die gegarten Wirsingblätter auf der Arbeitsfläche ausbreiten und jeweils etwas Füllung darauf geben. Die Seitenränder nach innen schlagen, die Wirsingblätter aufrollen und mit Zahnstochern fixieren.

6 In einem Bräter das Öl erhitzen und darin restliche Zwiebel und übrigen Knoblauch kurz anbraten. Tomaten und Brühe zugeben. Die Sauce mit Salz und Pfeffer würzen.

7 Die Wirsingrouladen in die Sauce legen, aufkochen und zugedeckt bei kleiner Hitze ca. 30 Min. köcheln lassen, bis sie weich sind. Die Sauce nochmals mit Salz und Pfeffer abschmecken und zu den Rouladen servieren.

LAMM-TAJINE

כבש בכלי טאג'ין

Nicht abschrecken lassen durch die vielen Zutaten! Ist alles erst einmal im Bräter, gart das Gericht von alleine und schmeckt durch die Fülle an Zutaten ganz besonders aromatisch.

Für 4 Portionen
Zubereitung: ca. 45 Min.
Garzeit: ca. 1 Std. 15 Min.
Pro Portion ca. 845 kcal

2 TL Korianderkörner
2 TL Kreuzkümmel
250 g Schalotten
3 Knoblauchzehen
500 g Möhren
500 g festkochende Kartoffeln
2 eingelegte Salzzitronen
1 kleine rote Chilischote
600 g Lammfleisch
(Keule oder Schulter)
3 EL Olivenöl
2 Stangen Zimt
1200 ml Rinderfond
2 Dosen stückige Tomaten
(800 g)
100 g getrocknete Aprikosen
Salz, Pfeffer
150 g schwarze Oliven (entsteint)
2 TL Harissa (scharfe Würzpaste)
4 Stängel glatte Petersilie
4 Stängel Minze
4 Stängel Koriandergrün
2 TL Honig

1 Korianderkörner und Kreuzkümmel in einer Pfanne ohne Fett kurz anrösten, bis sie duften, dann auskühlen lassen. Die Schalotten schälen, den Knoblauch schälen und fein hacken. Möhren putzen, Kartoffeln waschen. Beides schälen und in grobe Stücke schneiden.

2 Salzzitronen vierteln, das Fruchtfleisch herauslösen und nur die Schale in dünne Streifen schneiden. Die Chili waschen, halbieren, Stielansatz, weiße Trennwände und Kerne entfernen. Chilihälften grob hacken. Das Fleisch mit kaltem Wasser abwaschen, mit Küchenpapier trocken tupfen und in etwa 5 cm große Stücke schneiden. Die abgekühlten Gewürzsamen im Mörser grob zerstoßen.

3 In einem Bräter das Öl erhitzen. Das Fleisch darin rundherum kräftig anbraten, dann herausnehmen. Möhren und Schalotten ins Bratfett geben und kräftig anbraten. Knoblauch hinzufügen und kurz mit andünsten. Fleisch, Kartoffeln, Zitrone, alle Gewürze, Chili, Rinderfond, Tomaten, Aprikosen sowie etwas Salz und Pfeffer dazugeben und unterrühren. Alles aufkochen und bei kleiner Hitze etwa 1 Std. abgedeckt schmoren.

4 Anschließend Oliven und Harissa dazugeben und das Gericht weitere ca. 15 Min. schmoren, bis das Fleisch schön weich ist. Ist die Sauce zu sehr eingedickt, dann noch etwas Fond oder Wasser unterrühren.

5 Die Kräuter abbrausen, trocken schütteln. Die Blättchen von den Stängeln zupfen und grob hacken. Die Kräuter unter die Sauce rühren. Die Sauce mit Salz, Honig und nach Belieben mit mehr Harissa abschmecken.

BUNTE HÄHNCHEN-PFANNE

מחבת עוף בתערובת צבעונית

Für 4 Portionen
Zubereitung: ca. 35 Min.
Pro Portion ca. 405 kcal

500 g Mangold
Salz
2 rote Zwiebeln
2 Knoblauchzehen
500 g Hähnchenbrustfilet
½ Bund Koriandergrün
½ Bund glatte Petersilie
2 Gläser Kichererbsen
(à 250 g Abtropfgewicht)
250 g Kirschtomaten
3 EL Olivenöl
Pfeffer
2 TL Baharat
3 EL Zitronensaft
100 g Schafskäse (Feta)

1 Den Mangold waschen und putzen, dabei in Stiele und Blätter trennen. Die Stiele in ca 5 cm lange Stücke schneiden, die Blätter halbieren. Stiele in kochendem Salzwasser ca. 1 Min. garen, die Blätter dazugeben, einmal aufkochen lassen, dann alles in ein Sieb abgießen, kalt abspülen und abtropfen lassen.

2 Zwiebeln und Knoblauch schälen. Die Zwiebeln halbieren und in dünne Streifen schneiden, den Knoblauch fein hacken. Die Hähnchenbrustfilets kalt abbrausen, mit Küchenpapier trocken tupfen und in Scheiben schneiden. Die Kräuter abbrausen, trocken schütteln. Die Blättchen von den Stängeln zupfen und grob hacken. Die Kichererbsen in ein Sieb abgießen, kalt abspülen und gut abtropfen lassen. Tomaten waschen und halbieren.

3 In einer weiten Pfanne das Öl erhitzen. Das Fleisch darin in zwei Portionen kräftig anbraten, mit Salz und Pfeffer würzen und herausnehmen. Die Zwiebelstreifen im Bratfett andunsten, dann Knoblauch, Mangoldstiele und Tomaten dazugeben und etwa 1 Min. mit andünsten. Mangoldgrün, Kichererbsen, Baharat, das Hähnchenfleisch mitsamt dem ausgetretenen Saft, Zitronensaft und Kräuter zugeben und unter Rühren kurz erhitzen.

4 Das Gericht nochmals mit Salz, Pfeffer und nach Belieben mit etwas mehr Baharat abschmecken. Auf vier Teller verteilen und den Feta darüber zerkrümeln.

HAUPTSACHE GEMÜSE IN HÜLLE UND FÜLLE

Gefülltes Gemüse ist das perfekte Gäste-Essen – es lässt sich prima vorbereiten, und während das Gemüse im Ofen brutzelt, haben Sie Zeit sich um den Besuch zu kümmern.

Ein Topf randvoll mit gefülltem Gemüse ist ein Festessen! Nicht, dass dieses Gericht besondere oder teure Zutaten benötigen würde. Nein, ganz im Gegenteil! Alles, was man dafür braucht, ist gewöhnlich und überall zu bekommen. Es ist die zeitaufwendige Vorbereitung, die das einfache Gericht zu einem Gaumenschmaus werden lässt. So traf sich meine Mutter beispielsweise mit ihren Freundinnen, um gemeinsam das Gemüse auszuhöhlen und es anschließend zu füllen – damit verbrachten die Frauen einen angeregten Vormittag. Um Gemüse auf traditionelle Art auszuhöhlen, benötigt man nämlich spezielle Küchenwerkzeuge. Mitunter kann man beim Gemüsehändler auf dem Markt sogar schon ausgehöhlte Möhren kaufen.

Für meine Version des beliebten Klassikers brauchen Sie weder Spezialwerkzeug, noch stehen Sie stundenlang in der Küche. Ich habe das Gericht alltagsgerecht vereinfacht, minder köstlich ist es deswegen aber nicht! Ich finde sogar, dass es am nächsten Tag, also aufgewärmt, fast noch besser schmeckt, denn dann sind alle Aromen schön durchgezogen. Auch wenn Sie das Gericht vielleicht alleine zubereiten – das gefüllte Gemüse schmeckt am besten in geselliger Runde. Die frohen Farben und der intensive Duft nach Kräutern werden Ihre Gäste mit Sicherheit verzaubern!

WEST PAK
Avocados

GEFÜLLTES GEMÜSE

ירקות ממולאים

Für 4 Portionen
Zubereitung: ca. 45 Min.
Garzeit: ca. 30 Min.
Pro Portion ca. 700 kcal

FÜR DAS GEMÜSE
4 große Tomaten (ca. 500 g)
2 Zucchini (ca. 500 g)
2 Paprika (grün oder rot)
2 Zwiebeln
2 Knoblauchzehen
½ Bund glatte Petersilie
½ Bund Koriandergrün
2 EL Olivenöl
700 g Rinderhackfleisch
50 g Pinienkerne
2 EL Tomatenmark
2 TL Harissa (scharfe Würzpaste)
Salz
1 TL gemahlener Kreuzkümmel
1 TL Zimtpulver

FÜR DIE SAUCE
500 g Tomaten
1 Zwiebel
1 Knoblauchzehe
1 EL Olivenöl
3 EL Granatapfelsirup
2 TL Honig
1 Stange Zimt
2 Lorbeerblätter
Salz, Pfeffer

AUSSERDEM
1 große Auflaufform
(ca. 24 × 32 cm)

1 Die Tomaten, Zucchini und Paprika waschen. Von den Tomaten einen Deckel abschneiden, das Fruchtfleisch mit einem Löffel herauslösen und beiseitestellen. Die Zucchini in ca. 5 cm lange Stücke schneiden und aushöhlen. Fruchtfleisch fein hacken. Paprika längs halbieren, Stielansatz, weiße Trennwände und Kerne entfernen.

2 Für die Füllung Zwiebeln und Knoblauch schälen, fein hacken. Die Kräuter abbrausen, trocken schütteln. Die Blätter von den Stängeln zupfen und fein hacken. In einer Pfanne das Öl erhitzen. Das Hackfleisch darin ca. 3 Min. kräftig anbraten. Zwiebel, Knoblauch, Zucchinifruchtfleisch und Pinienkerne zugeben und 3–5 Min. anbraten, bis alles leicht gebräunt ist. Tomatenmark, Harissa sowie etwas Salz, Kreuzkümmel und Zimt hinzugeben. Kräuter unterrühren. Die Füllung kräftig abschmecken.

3 Für die Sauce die Tomaten waschen und grob würfeln, dabei den Stielansatz entfernen. Zwiebel und Knoblauch schälen, fein würfeln. Im heißen Olivenöl glasig dünsten. Tomatenwürfel, Tomatenfruchtfleisch, 200 ml Wasser, Granatapfelsirup, Honig, Zimt und Lorbeer dazugeben, mit Salz und Pfeffer würzen und alles aufkochen. Die Sauce in eine weite ofenfeste Form füllen.

4 Backofen auf 200° vorheizen. Das Gemüse in die Form setzen, die Füllung hineingeben, bei den Tomaten die Deckel auflegen. Im Ofen (Mitte) etwa 30 Min garen, bis das Gemüse gar und die Füllung schön gebräunt ist. Bei Bedarf noch ca. 10 Min. nachgaren.

WARMER HUMMUS MIT LAMM

חומוס חם עם כבש

Bei diesem Gericht kommt der Hummus ganz frisch und warm auf den Tisch, und das in Begleitung von Kichererbsen, Lammfleisch und frischer Kräutersauce. Zum Weglöffeln gut!

Für 4 Portionen
Zubereitung: ca. 70 Min.
Pro Portion ca. 612 kcal

FÜR DEN HUMMUS
2 Gläser Kichererbsen
(à 250 g Abtropfgewicht)
2 Knoblauchzehen
1 TL gemahlener Kreuzkümmel
Salz, Pfeffer
125 g Tahin (Sesampaste)
3 EL Zitronensaft

FÜR DIE KRÄUTERSAUCE
1 Bio-Zitrone
½ Bund Petersilie
½ Bund Minze
2 Knoblauchzehen
1 TL Chiliflocken
4 EL Olivenöl
Salz

FÜR DAS FLEISCH
2 Frühlingszwiebeln
400 g Lammrücken
2 EL Olivenöl
2 EL Mandelstifte
2 EL Pinienkerne
Salz, Pfeffer
½ TL gemahlener Piment
1 TL rosenscharfes Paprikapulver

1 Für den Hummus die Kichererbsen in ein Sieb geben, kalt abspülen, abtropfen lassen und aus den Häutchen drücken. Den Knoblauch schälen, grob würfeln. Kichererbsen, Knoblauch, Kreuzkümmel, ½ TL Salz und 250 ml Wasser aufkochen. Etwa 4 Min. köcheln lassen. ⅔ der Kichererbsen mit dem Kochwasser, Tahin und Zitronensaft cremig-fein pürieren. Das Püree mit Salz und Pfeffer abschmecken und abgedeckt beiseitestellen. Übrige Kichererbsen ebenfalls beiseitestellen.

2 Für die Kräutersauce die Zitrone heiß waschen, abtrocknen und die Schale fein abreiben. Die Zitrone halbieren und den Saft auspressen. Petersilie und Minze abbrausen, trocken schütteln. Die Blättchen von den Stängeln zupfen und sehr fein hacken. Knoblauch schälen und fein hacken. Kräuter, Knoblauch, Zitronenschale, 4 EL Zitronensaft, Chiliflocken, Öl und etwas Salz verrühren.

3 Die Frühlingszwiebeln putzen, waschen und in feine Röllchen schneiden. Das Fleisch in dünne Scheiben schneiden. In einer weiten Pfanne das Öl erhitzen. Die Mandeln und Pinienkerne darin kurz goldgelb anbraten, dann herausnehmen. Im verbleibenden Öl das Fleisch 2–3 Min. kräftig anbraten, dabei mit Salz, Pfeffer, Piment und Paprika würzen. Übrige Kichererbsen und Frühlingszwiebeln untermischen und alles kurz erhitzen.

4 Hummus unter Rühren sanft erwärmen. Eventuell etwas Wasser zugeben, bis die Konsistenz schön sämig ist.

5 Hummus auf Teller verteilen, in die Mitte jeweils eine Mulde drücken und die Fleisch-Kichererbsen-Mischung hineingeben. Mit Mandeln, Pinienkernen und Kräutersauce garnieren. Dazu passt Fladen- oder Pita-Brot.

ZITRONEN-HÄHNCHEN

עוף בלימון

Hähnchen-Gerichte haben wir in Israel in unzähligen Varianten. Das Rezept für diese kräuterfrischen Hähnchenkeulen habe ich von einer Tante übernommen, es gehört zu meinen absoluten Favoriten.

Für 4 Portionen
Marinierzeit: ca. 2 Std.
Zubereitung: ca. 25 Min.
Garzeit: ca. 45 Min.
Pro Portion ca. 530 kcal

4 Knoblauchzehen
2 TL Kreuzkümmel
1 TL Korianderkörner
3 Bio-Zitronen
½ TL Zimtpulver
1 EL Honig (z. B. Blütenhonig)
6 EL Olivenöl
1 TL Chiliflocken
Salz
4 Hähnchenkeulen
200 g Schalotten
200 ml Hühnerfond
3 Stängel Petersilie
3 Stängel Koriandergrün
3 Stängel Dill
Meersalz, Pfeffer

AUSSERDEM
1 Auflaufform (ca. 24 × 32 cm)

1 Für die Marinade den Knoblauch schälen und in feine Scheibchen schneiden. Kreuzkümmel und Korianderkörner im Mörser grob zerstoßen. Die Zitronen heiß waschen, abtrocknen. Von einer Zitrone die Schale fein abreiben, den Saft auspressen. Knoblauch, Gewürze, Zitronenschale und -saft sowie Zimt, Honig, Olivenöl, Chiliflocken und 1 TL Salz kräftig verrühren.

2 Die Hähnchenkeulen mit kaltem Wasser abbrausen, mit Küchenpapier trocken tupfen und nebeneinander in eine Auflaufform geben. Mit der Marinade einreiben. Abgedeckt im Kühlschrank mind. 2 Std. marinieren lassen.

3 Den Backofen auf 200° vorheizen. Übrige Zitronen in grobe Stücke schneiden. Schalotten schälen, halbieren. Beides zu den Hähnchenkeulen geben. Diese so legen, dass die Haut nach oben zeigt. Hühnerfond angießen. Die Form in den Ofen (Mitte) schieben und die Keulen 45 Min. garen. Dabei die Form zwischendurch abdecken, damit das Fleisch nicht zu dunkel wird.

4 Petersilie, Koriander und Dill abbrausen, trocken schütteln. Die Blättchen bzw. Spitzen von den Stängeln zupfen und fein hacken. Die Form aus dem Ofen nehmen, die Keulen mit Meersalz und Pfeffer würzen und die Kräuter über das Gericht streuen.

RINDFLEISCH-SCHMORTOPF

בשר בקר בקדרה

Einfach, aber einfach köstlich! Das Rindfleisch sollte beinahe zerfallen, dann ist es lange genug geschmort. Reichen Sie dazu eine Schüssel dampfenden Couscous oder Duftreis.

Für 4 Portionen
Zubereitung: ca. 40 Min.
Garzeit: ca. 1 Std. 45 Min.
Pro Portion ca. 632 kcal

750 g durchwachsener Rinderschmorbraten (z. B. Unterschale)
2 Zwiebeln
25 g Butter
1 Prise Safranfäden
1 TL Pfeffer
1 TL gemahlener Ingwer
1 TL Zimtpulver
Salz
500 g Tomaten
200 g getrocknete Datteln (entsteint)
75 g Walnusskerne
½ Bund Koriandergrün

1 Das Fleisch mit Küchenpapier trocken tupfen, überschüssiges Fett oder Sehnen entfernen. Das Fleisch in ca. 4 cm große Würfel schneiden. Die Zwiebeln schälen, eine fein hacken, die andere in Streifen schneiden.

2 Die Butter in einem kleinen Topf bei mittlerer Hitze schmelzen, dann in eine große Schüssel geben. Safran, Pfeffer, Ingwer, Zimt, gehackte Zwiebel und ½ TL Salz in die Butter einrühren. Die Fleischstücke dazugeben, gründlich in der Gewürzbutter wenden.

3 Die gebutterten Fleischstücke in einen heißen Bräter geben und unter Wenden bei mittlerer Hitze anbraten. Dann knapp mit Wasser bedecken, kurz aufkochen und zugedeckt etwa 1 Std. sanft köcheln. Die Zwiebelstreifen dazugeben und weitere 15 Min. schmoren lassen.

4 Inzwischen die Tomaten waschen und grob würfeln, dabei den Stielansatz entfernen. Nach 15 Min. Tomaten, Datteln und Walnüsse zum Schmortopf hinzufügen und diesen offen 20–30 Min. köcheln lassen, bis das Fleisch zart gegart und die Sauce eingekocht ist.

5 Den Koriander abbrausen, trocken schütteln. Die Blättchen von den Stielen zupfen und grob hacken. Den Schmortopf am Ende der Garzeit mit Salz abschmecken. Auf Teller verteilen und mit Koriander bestreut servieren.

HÄHNCHEN-SHAWARMA

שווארמה מעוף

Für 4 Portionen
Marinierzeit: ca. 12 Std.
Zubereitung: ca. 45 Min.
Pro Portion ca. 850 kcal

FÜR DAS SHAWARMA

1 Bio-Zitrone
3 EL Rotweinessig
8 EL Olivenöl
1 TL Chiliflocken
1 TL gemahlener Kreuzkümmel
1 TL gemahlener Kardamom
1 TL getrockneter Oregano
2 TL Baharat
500 g Hähnchenbrustfilet
Salz

FÜR DIE SAUCE

1 Knoblauchzehe
300 g griechischer Joghurt (10 % Fettgehalt)
100 g Tahin (Sesampaste)
1 TL gemahlener Kreuzkümmel
Salz
1 EL Zitronensaft

FÜR DIE GARNIERUNG

4 Stängel Petersilie
4 Stängel Minze
1 rote Zwiebel
2 Frühlingszwiebeln
2 Tomaten

AUSSERDEM

1 Auflaufform (ca. 24 × 32 cm)
4 dünne arabische Fladenbrote (ersatzweise Tortilla-Wraps)

1 Für die Marinade die Zitrone heiß waschen, abtrocknen und die Schale abreiben. Die Zitrone halbieren und den Saft auspressen. Zitronensaft, -schale, Essig, 6 EL Öl und Gewürze verrühren. Das Fleisch waschen, mit Küchenpapier trocken tupfen und in einer Schale mit der Marinade mischen. Abgedeckt mind. 12 Std. im Kühlschrank marinieren, dabei zwischendurch einmal wenden.

2 Für die Sauce den Knoblauch schälen und fein hacken. Joghurt und Tahin glatt rühren, Knoblauch hinzufügen. Mit Kreuzkümmel, Salz und Zitronensaft abschmecken.

3 Petersilie und Minze abbrausen, trocken schütteln. Die Blättchen von den Stängeln zupfen und grob hacken. Die Zwiebel schälen und in feine Streifen schneiden. Die Frühlingszwiebeln putzen, waschen und in Röllchen schneiden. Die Tomaten waschen, halbieren und den Stielansatz entfernen. Die Tomatenhälften grob würfeln.

4 Backofen auf 180° vorheizen. Das Fleisch aus der Marinade nehmen. Das übrige Öl (2 EL) in einer Pfanne erhitzen, die Hühnchenbrustfilets darin von jeder Seite ca. 3 Min. bei mittlerer Hitze anbraten und salzen. Dann in eine Auflaufform legen und im Ofen in weiteren etwa 8 Min. zu Ende garen. Die Fladenbrote in Backpapier einschlagen und im Ofen ca. 3 Min. mit erwärmen.

5 Das Fleisch aus dem Ofen nehmen und ca. 5 Min. ruhen lassen. Anschließend in dünne Scheiben aufschneiden. Die Fladenbrote mit Fleisch, Kräutern und Gemüse füllen, mit der Sauce beträufeln und eng aufrollen.

DORADE MIT OLIVEN-AVOCADO-SALSA

דורדה עם סלסת זיתים ואבוקדו

Während die Doraden im Ofen garen, können Sie die säuerlich-scharfe Salsa zubereiten. Perfekt für ein eher leichtes Essen mit Gästen – da bleibt noch Platz für's Dessert ...

Für 4 Portionen
Zubereitung: ca. 40 Min.
Pro Portion ca. 775 kcal

FÜR DEN FISCH

4 Doraden (à ca. 400 g)
Meersalz, Pfeffer
1 Bio-Zitrone
8 Lorbeerblätter
3 EL Olivenöl

FÜR DIE SALSA

100 g schwarze Oliven (entsteint)
1 eingelegte Salzzitrone
1 rote Zwiebel
2 Knoblauchzehen
4 Stängel Minze
4 Stängel glatte Petersilie
1 kleine rote Chilischote
1 reife Avocado
4 EL Zitronensaft
2 EL Granatapfelsirup
2 TL Honig
4 EL Olivenöl
1 TL gemahlener Kreuzkümmel
Meersalz, Pfeffer

1 Doraden innen und außen waschen, mit Küchenpapier trocken tupfen. Die Fische beidseits dreimal schräg einschneiden, innen mit Salz und Pfeffer würzen. Zitrone heiß waschen, abtrocknen und in Scheiben schneiden. Die Doraden mit Zitronenscheiben und Lorbeer füllen.

2 Backofen auf 200° vorheizen. Ein tiefes Backblech mit 1 EL Öl fetten und die Doraden darauf geben. Die Fische mit 2 EL Öl beträufeln und im Ofen (Mitte) 20–25 Min. garen. Nach 20 Min. die Doraden an der dicksten Stelle einstechen, um zu prüfen, ob sie gar sind. Ist der Fisch noch glasig, dann weitere 3–5 Min. garen.

3 Für die Salsa die Oliven grob hacken. Die Salzzitrone vierteln, das Fruchtfleisch herauslösen und nur die Schale in kleine Würfel schneiden. Die Zwiebel schälen und in feine Streifen schneiden. Den Knoblauch schälen, fein hacken. Kräuter abbrausen, trocken schütteln. Die Blättchen von den Stielen zupfen und fein hacken. Die Chilischote waschen, längs halbieren, Stielansatz, weiße Trennwände und Kerne entfernen. Die Chilihälften fein hacken. Die Avocado halbieren, das Fruchtfleisch mit einem Löffel aus der Schale heben und würfeln.

4 Alle vorbereiteten Zutaten mit Zitronensaft, Granatapfelsirup, Honig, 4 EL Olivenöl, Kreuzkümmel, Meersalz und Pfeffer vermischen und durchziehen lassen, bis der Fisch gar ist. Dann die Doraden aus dem Ofen nehmen, auf Teller verteilen und die Salsa darüber geben.

FISCHBÄLLCHEN IN TOMATENSAUCE

קציצות דג ברוטב עגבניות

Für 4 Portionen
Tiefkühlzeit: ca. 30 Min.
Zubereitung: ca. 45 Min.
Pro Portion ca. 395 kcal

FÜR DIE SAUCE

1 Zwiebel
2 Knoblauchzehen
2 EL Olivenöl
1 ½ TL Baharat
2 TL Harissa (scharfe Würzpaste)
1 Pck. stückige Tomaten
(500 g, Tetrapak)
1 EL Honig
Salz, Pfeffer

FÜR DIE FISCHBÄLLCHEN

600 g Fischfilet (z. B. Kabeljau, Rotbarsch oder Seelachs)
3 Scheiben Toastbrot
2 Frühlingszwiebeln
2 Knoblauchzehen
½ Bund Koriandergrün
4 EL Olivenöl
2 TL gemahlener Kreuzkümmel
½ TL gemahlene Kurkuma
½ TL Cayennepfeffer
½ Bio-Zitrone
1 Ei (M)
Salz

1 Für die Fischbällchen das Fischfilet kalt abbrausen, mit Küchenpapier trocken tupfen und ggf. Gräten entfernen. Filet in kleine Würfel schneiden. 30 Min. tiefkühlen.

2 Für die Sauce Zwiebel und Knoblauch schälen und fein würfeln. In einer weiten Pfanne das Öl erhitzen und die Zwiebel glasig dünsten. Knoblauch, Baharat und Harissa unterrühren. Tomatenstücke, Honig und 250 ml Wasser dazugeben, aufkochen und offen ca. 15 Min. einkochen lassen. Die Sauce mit Salz und Pfeffer süßlich-scharf abschmecken, dann beiseitestellen.

3 Toastbrot entrinden und in etwas Wasser einweichen. Frühlingszwiebeln putzen, waschen und in feine Ringe schneiden. Knoblauch schälen und fein hacken. Koriander abbrausen, trocken schütteln. Die Blättchen von den Stängeln zupfen und grob hacken. In einer Pfanne 1 EL Öl erhitzen, Frühlingszwiebeln darin glasig dünsten. Knoblauch kurz mit andünsten. Gewürze unterrühren. Die Pfanne vom Herd nehmen und alles abkühlen lassen.

4 Die Zitrone heiß waschen, abtrocknen und 1 TL Schale fein abreiben. Die Fischwürfel in der Küchenmaschine portionsweise grob zerkleinern. Das Toastbrot ausdrücken und klein zupfen. Fisch, Brot, Frühlingszwiebel-Mischung, Zitronenschale und Ei in eine Schüssel geben, mit Salz würzen und zu einer glatten Masse verkneten. Aus der Masse zwölf kleine Bällchen formen.

5 Das übrige Öl (3 EL) in einer weiten Pfanne erhitzen. Die Bällchen hineingeben, etwas flach drücken und bei kleiner bis mittlerer Hitze von jeder Seite in 3–4 Min. hellbraun braten. Dann in die Tomatensauce legen, die Sauce erhitzen und offen ca. 10 Min. köcheln lassen. Dazu passt Basmatireis oder eine Wildreismischung.

RÖST-COUSCOUS MIT GARNELEN

קוסקוס קלוי עם שרימפס

Für 4 Portionen
Zubereitung: ca. 40 Min.
Pro Portion ca. 720 kcal

FÜR DIE CHERMOULA

2 Knoblauchzehen
1 Bund Koriandergrün
10 EL Olivenöl
Salz, Pfeffer
2 EL Zitronensaft
1 TL edelsüßes Paprikapulver
1 TL gemahlener Ingwer
500 g rohe Riesengarnelen (küchenfertig)

FÜR DEN COUSCOUS

1 Zwiebel
1 EL Olivenöl
250 g Couscous
400 ml Gemüsefond
50 g Sultaninen
40 g Parmesan
25 g Butter
Salz, Pfeffer

....

Tipp: Statt Paprikapulver und gemahlenem Ingwer können Sie auch 1 Chilischote und 1 Stück frischen Ingwer (ca. 1 cm) verwenden.

1 Für die Chermoula den Knoblauch schälen, fein hacken. Koriander abbrausen, trocken schütteln. 4 Stängel für die Garnierung beiseitelegen, vom Rest die Blättchen abzupfen und fein hacken. Knoblauch, Koriander, 8 EL Öl, ¼ TL Salz und etwas Pfeffer mit Zitronensaft, Paprika und Ingwer in einer Schale mischen. Die Garnelen kalt abbrausen, trocken tupfen und mit der Hälfte der Chermoula in einer Schüssel marinieren. Abgedeckt kühl stellen. Übrige Chermoula zum Servieren beiseitestellen.

2 Für den Couscous die Zwiebel schälen und fein würfeln. In einem weiten Topf 1 EL Öl erhitzen. Zwiebeln hineingeben und kurz andünsten. Couscous zugeben und unter gelegentlichem Rühren in ca. 1 Min. goldbraun anrösten. Die Hälfte des Gemüsefonds dazugeben und die Mischung sanft köcheln lassen, bis der Couscous die gesamte Flüssigkeit aufgenommen hat.

3 Nach ca. 2 Min. restlichen Fond und Sultaninen einrühren und den Couscous köcheln lassen, bis er die gesamte Flüssigkeit aufgenommen hat und gar ist (5–10 Min.). Inzwischen den Parmesan fein reiben. Am Ende der Garzeit den Topf vom Herd nehmen und den Parmesan mit der Butter unterrühren. Den Couscous mit Salz und Pfeffer abschmecken und abgedeckt warm halten.

4 In einer großen beschichteten Pfanne 2 EL Öl erhitzen. Die Garnelen aus der Marinade nehmen und etwas abtropfen lassen, dann in die heiße Pfanne geben und rundherum in ca. 2 Min. kräftig anbraten. Die Marinade hinzufügen und die Garnelen einmal darin schwenken. Die Pfanne vom Herd nehmen.

5 Couscous auf vier Teller verteilen, die Garnelen darauf anrichten. Mit der übrigen Chermoula beträufeln und mit dem beiseitegestellten Koriandergrün garnieren.

MAKRELE IN ZITRONENSAUCE

מקרל ברוטב לימון

Gutes Olivenöl, Zitrone und aromatische Kräuter sind – neben frischem Fisch natürlich – die wichtigsten Zutaten für dieses schlichte, aber unglaublich aromatische Fischgericht.

Für 4 Portionen
Marinierzeit: ca. 1 Std.
Zubereitung: ca. 25 Min.
Pro Portion ca. 645 kcal

FÜR DEN FISCH

2 Knoblauchzehen
4 EL Zitronensaft
2 EL Olivenöl
2 TL Harissa (scharfe Würzpaste)
1 TL gemahlener Kreuzkümmel
4 Makrelenfilets
(à ca. 150 g, mit Haut)

FÜR DIE SAUCE

4 Stängel glatte Petersilie
4 Stängel Koriandergrün
2 Bio-Zitronen
6 EL Olivenöl
Meersalz, Pfeffer

AUSSERDEM

40 g Pinienkerne
4 EL Olivenöl zum Braten
4 Bio-Zitronenscheiben

1 Für die Marinade den Knoblauch schälen und fein hacken. Knoblauch, Zitronensaft, Olivenöl, Harissa und Kreuzkümmel verquirlen. Die Makrelenfilets kalt abbrausen, mit Küchenpapier trocken tupfen und in eine Schale legen. Mit der Marinade begießen und abgedeckt mind. 1 Std. im Kühlschrank ziehen lassen.

2 Für die Sauce die Kräuter abbrausen, trocken schütteln. Die Blättchen von den Stängeln zupfen und fein hacken. Die Zitronen heiß waschen, abtrocknen und die Schale fein abreiben. Die Zitronen halbieren und den Saft auspressen. Kräuter, Zitronenschale, 6 EL Zitronensaft, Olivenöl sowie etwas Salz und Pfeffer verquirlen.

3 Pinienkerne in einer weiten Pfanne ohne Fett goldbraun rösten und herausnehmen. Das Öl zum Braten erhitzen. Die Makrelenfilets aus der Marinade nehmen. Zuerst mit der Hautseite 1–2 Min. bei mittlerer Hitze braten, dann wenden und weitere 1–2 Min. braten. Mit Salz würzen.

4 Die Filets auf Tellern anrichten und etwas Sauce darauf geben. Mit Pinienkernen und Zitronenscheiben garnieren. Dazu passt gerösteter Couscous oder Basmati-Reis.

THUNFISCH MIT QUINOA-SALAT
טונה עם סלט קינואה

Auch in Israels angesagten Restaurants hat Quinoa Einzug gehalten und sorgt für Abwechslung zu traditionellen Couscous- oder Bulgursalaten. Eine echte geschmackliche Bereicherung!

Für 4 Portionen
Zubereitung: ca. 1 Std.
Marinierzeit: ca. 35 Min.
Pro Portion ca. 830 kcal

FÜR DEN FISCH
3 Bio-Limetten
6 EL Olivenöl
4 Thunfischsteaks
(à 200 g, Sushi-Qualität)

FÜR DEN SALAT
100 g Quinoa
Salz
2 große Bund glatte Petersilie
½ Bund Minze
3 Tomaten
3 Frühlingszwiebeln
4 EL Olivenöl
2 TL Sumach (türkischer oder arabischer Lebensmittelladen)
4 EL Zitronensaft
Pfeffer

AUSSERDEM
1 gehäufter EL schwarzer Sesam

1 Für die Marinade die Limetten heiß waschen, abtrocknen. Die Schale jeweils fein abreiben und abgedeckt beiseitestellen. Limetten halbieren, den Saft auspressen und mit 4 EL Olivenöl verrühren. Die Thunfischsteaks darin einlegen und ca. 1 Std. in den Kühlschrank stellen.

2 Quinoa in einem Sieb abbrausen und abtropfen lassen. In 250 ml kochendem Salzwasser bei geringer Hitze in 15–20 Min. weich garen. Danach in ein Sieb geben, mit kaltem Wasser abspülen und abtropfen lassen.

3 Die Kräuter abbrausen, trocken schütteln. Die Blättchen von den Stängeln zupfen, sehr fein hacken und in eine weite Schüssel geben. Tomaten waschen und grob würfeln, dabei den Stielansatz entfernen. Frühlingszwiebeln putzen, waschen und in feine Röllchen schneiden.

4 Quinoa, Tomaten und Frühlingszwiebeln zu den Kräutern geben. Öl, Sumach und Zitronensaft untermischen. Den Salat ca. 15 Min. ziehen lassen, mit Salz und Pfeffer abschmecken und bis zum Servieren beiseitestellen.

5 Thunfischsteaks aus der Marinade nehmen, abtropfen lassen. 2 EL Olivenöl in einer weiten Pfanne erhitzen und die Steaks darin von einer Seite 1 Min. braten, dann wenden, salzen, pfeffern, mit Sesam und Limettenschale bestreuen und 1 weitere Min. braten. Keinesfalls länger braten, denn Thunfisch wird sehr schnell trocken! Die Steaks mit dem Salat auf vier Tellern anrichten.

FISCH IN PAPRIKASAUCE

דג ברוטב פפריקה

Scharf, süßlich und nach Gewürzen duftend – das wunderbare Aroma der Sauce entwickelt sich beim langsamen Einkochen und macht aus einem schlichten Fischgericht ein Gedicht!

Für 4 Portionen
Zubereitung: ca. 50 Min.
Pro Portion ca. 430 kcal

3 rote Paprika (ca. 800 g)
1 kleine rote Chilischote
4 Knoblauchzehen
2 TL edelsüßes Paprikapulver
1 TL gemahlener Kreuzkümmel
½ TL Zimtpulver
4 EL Tomatenmark
4 EL Olivenöl
800 g festes Fischfilet
(z. B. Steinbeißer oder Seelachs)
Salz, Pfeffer
4 EL Mehl
1-2 TL Zucker
1 TL Zitronensaft
2 EL Walnusskerne
2 EL Mandeln
½ Bund Koriandergrün
½ Bio-Zitrone
1 gehäufter EL heller Sesam

1 Paprikas und Chili waschen, halbieren, Stielansatz, Trennwände und Kerne entfernen. Die Paprikahälften in grobe Würfel schneiden, Chili grob hacken. Knoblauch schälen, grob hacken. Paprikawürfel, Chili, Knoblauch, Gewürze, Tomatenmark und 2 EL Öl mit 200 ml Wasser in einen hohen Rührbecher geben und mit dem Pürierstab (oder in der Küchenmaschine) fein pürieren.

2 Fisch kalt abbrausen, mit Küchenpapier trocken tupfen und in vier gleich große Stücke schneiden. Mit Salz und Pfeffer würzen. Beidseitig dünn mit Mehl bestäuben, den Überschuss abklopfen. In einer weiten Pfanne 2 EL Öl erhitzen. Die Fischstücke bei mittlerer Hitze von beiden Seiten je 2 Min. anbraten, dann herausnehmen. Die Pfanne mit Küchenpapier auswischen.

3 Die Paprikasauce in die Pfanne geben und aufkochen. Abgedeckt bei geringer Hitze 15–20 Min. köcheln lassen. Mit Salz, Zucker und Zitronensaft abschmecken. Die Fischstücke in die heiße Sauce geben und zugedeckt bei geringer Hitze in ca. 10 Min. gar ziehen lassen.

4 Inzwischen die Walnüsse und Mandeln in einer Pfanne ohne Fett kurz anrösten, dann abkühlen lassen und fein hacken. Den Koriander abbrausen, trocken schütteln. Die Blättchen von den Stängeln zupfen und fein hacken. Die Zitrone heiß waschen, abtrocknen und 1 TL Schale fein abreiben. Walnüsse, Mandeln, Koriander, Sesam und Zitronenschale vermischen und die Fischpfanne damit bestreuen. Dazu passt Couscous oder Pita-Brot.

VEGETARISCHE HAUPTGERICHTE

Jede Menge frisches Gemüse, dazu Hülsenfrüchte, Nüsse, Gewürze und Joghurt – dies alles darf in der israelischen Küche nicht fehlen. Je bunter die Farben auf dem Teller leuchten, desto größeren Genuss verspricht mir ein Essen, auch ohne Fleisch und Fisch.

FALAFEL

פלאפל

So esse ich die kleinen knusprigen Bällchen am liebsten: im knackigen Salatblatt, mit cremigem Hummus, reichlich Tahin-Joghurt-Sauce und fruchtigen Granatapfelkernen.

Für 4 Portionen
Einweichzeit: ca. 12 Std.
Zubereitung: ca. 1 Std. 15 Min.
Pro Portion ca. 830 kcal

FÜR DIE FALAFEL

200 g getrocknete Kichererbsen
1 große Knoblauchzehe
½ Bund glatte Petersilie
½ Bund Koriandergrün
½ Bund Dill
1 TL Backpulver
Salz
1 TL gemahlener Kreuzkümmel
Cayennepfeffer
4 EL Zitronensaft
2 EL heller Sesam

FÜR DIE SAUCE

2 gehäufte EL Tahin (Sesampaste)
150 g Joghurt
1 EL Zitronensaft
Salz

AUSSERDEM

ein paar feste Salatblätter (z. B. Eisbergsalat oder Römersalatherzen)
½ Granatapfel
1 l Frittieröl
300 g Hummus (Sorte nach Wahl, z. B. Rote-Bete-Hummus)

1 Die Kichererbsen für ca. 12 Std. (über Nacht) in reichlich kaltem Wasser einweichen. Anschließend in ein Sieb abgießen und gut abtropfen lassen. Den Knoblauch schälen. Die Kräuter abbrausen, trocken schütteln. Die Blättchen bzw. Spitzen von den Stängeln zupfen, 1 EL Dill beiseitestellen. Kichererbsen, Knoblauch und Kräuter im Mixer oder portionsweise im Blitzhacker zu einer groben Paste pürieren und in eine Schüssel geben.

2 Backpulver, 1 gehäuften TL Salz, Kreuzkümmel, Cayennepfeffer und Zitronensaft zu der Mischung geben und gut unterkneten. Aus der Masse mit angefeuchteten Händen ca. 20 kleine Bällchen formen und mit Sesam bestreuen.

3 Für die Sesam-Joghurt-Sauce Tahin mit Joghurt, 2–3 EL Wasser, Zitronensaft und 1 kräftigen Prise Salz verrühren. Die Salatblätter waschen und trocken tupfen. Die Kerne aus der Granatapfelhälfte lösen.

4 Frittieröl in einem hohen Topf erhitzen, bis an einem hineingetauchten Holzlöffel kleine Bläschen aufsteigen. Falafeln darin portionsweise in etwa 2 Min. hellbraun frittieren. Mit einer Schaumkelle herausnehmen und auf mehreren Lagen Küchenpapier abtropfen lassen.

5 Jeweils einen Klacks Hummus auf die Salatblätter geben, die Falafeln und etwas Sauce darauf anrichten. Zum Schluss mit Granatapfelkernen und Dill bestreuen.

OFENGEMÜSE MIT TAHIN-SAUCE

ירקות בתנור עם רוטב טחינה

Für 4 Portionen
Zubereitung: ca. 50 Min.
Pro Portion ca. 625 kcal

FÜR DAS GEMÜSE

50 g Mandeln
50 g Walnusskerne
1 ½ EL Honig
2 EL Granatapfelsirup
Salz, Pfeffer
1 TL Ras el Hanout
500 g Brokkoli
500 g grüner Spargel
2 Gläser Kichererbsen (à 250 g Abtropfgewicht)
6 EL Olivenöl
2 EL Zitronensaft

FÜR DIE SAUCE

100 g Tahin (Sesampaste)
2 EL Zitronensaft
1 TL gemahlener Kreuzkümmel
1 Knoblauchzehe
Salz, Pfeffer

....

Tipp: Bereiten Sie auch mal andere Gemüsesorten auf diese Art zu, wie z. B. Kürbis- oder Süßkartoffelspalten, Möhren, Rosenkohl oder Blumenkohlröschen.

1 Backofen auf 200° vorheizen. Nüsse grob hacken und auf einem Blech verteilen. Honig, Granatapfelsirup, Salz, Pfeffer und Ras el Hanout darüber geben und alles gut vermischen. Im Ofen (Mitte) 6–8 Min. rösten, bis die Nüsse schön gebräunt und karamellisiert sind.

2 Brokkoli putzen, waschen und in Röschen teilen. Den Strunk großzügig schälen und klein schneiden. Spargel waschen, die unteren Enden abschneiden und die Stangen im unteren Drittel schälen. Die Kichererbsen in ein Sieb abgießen, kalt abspülen und abtropfen lassen.

3 Die gerösteten Nüsse aus dem Ofen nehmen und in eine Schale füllen. Brokkoli, Spargel und Kichererbsen auf dem gleichen Blech verteilen. Mit Öl, Zitronensaft sowie etwas Salz und Pfeffer mischen. Im Ofen (Mitte) 15–20 Min. garen, bis das Gemüse leicht gebräunt ist.

4 Inzwischen Tahin, Zitronensaft, Kreuzkümmel und ca. 80 ml Wasser zu einer dickflüssigen Sauce verrühren. Den Knoblauch schälen, fein hacken und dazugeben. Die Sauce mit Salz und Pfeffer abschmecken.

5 Das fertige Gemüse aus dem Ofen nehmen und auf einer Servierplatte anrichten. Mit der Tahin-Sauce beträufeln und mit den gerösteten Nüssen bestreuen.

ROTE PAPRIKA-SHAKSHUKA

שקשוקה בפלפלים אדומים

Für 4 Portionen
Zubereitung: ca. 25 Min.
Garzeit: ca. 10 Min.
Pro Portion ca. 210 kcal

1 große Zwiebel
2 Knoblauchzehen
2 kleine rote Paprika
2 EL Olivenöl
2 Dosen stückige Tomaten (à 400 g)
Salz
1 TL Harissa (scharfe Würzpaste)
1 TL gemahlener Kreuzkümmel
4 Stängel Koriandergrün
4 Eier (M)
Pfeffer
2 TL Za'atar (Würzmischung)

AUSSERDEM
4 Auflaufförmchen (15 cm Ø)

1 Zwiebel und Knoblauch schälen, fein würfeln. Die Paprika waschen, halbieren, Stielansatz, weiße Trennwände und Kerne entfernen. Die Paprikahälften in kleine Würfel schneiden.

2 In einer weiten Pfanne das Olivenöl erhitzen. Zwiebel und Knoblauch darin glasig dünsten. Die Paprikawürfel dazugeben und kurz mit andünsten, dann die Tomaten hinzufügen. Etwas Salz sowie Harissa und Kreuzkümmel unterrühren und erhitzen. Die Tomatensauce offen bei kleiner Hitze in ca. 15 Min. dicklich einkochen lassen, dabei ab und zu umrühren.

3 In der Zwischenzeit den Koriander abbrausen und trocken schütteln. Die Blättchen von den Stängeln und dann etwas kleiner zupfen. Den Backofen auf 200° vorheizen.

4 Die dicklich eingekochte Tomatensauce mit Salz und Harissa herzhaft abschmecken und auf die Auflaufförmchen (oder eine große Auflaufform) verteilen. Mit einem Esslöffel jeweils eine Mulde in die Sauce drücken, die Eier in die Mulden gleiten lassen, mit Salz und Pfeffer würzen. Im heißen Ofen (Mitte) in ca. 10 Min. stocken lassen.

5 Die Formen aus dem Ofen nehmen und die Shakshuka mit Koriander und Za'atar bestreuen.

GRÜNE SPINAT-SHAKSHUKA

שקשוקה ירוקה בתרד

Für 4 Portionen
Zubereitung: ca. 30 Min.
Garzeit: ca. 10 Min.
Pro Portion ca. 280 kcal

1 grüne Paprika
500 g Blattspinat
1 Bund Frühlingszwiebeln
2 Knoblauchzehen
1 Bio-Zitrone
2 EL Olivenöl
Salz, Pfeffer
1 TL Kreuzkümmel
4 Eier (M)
150 g Schafskäse (Feta)
4 Stängel Minze
2 TL Schwarzkümmel

AUSSERDEM

4 Auflaufförmchen (15 cm Ø)

1 Die Paprika waschen, halbieren, Stielansatz, weiße Trennwände und Kerne entfernen. Die Paprikahälften in kleine Würfel schneiden. Den Spinat verlesen, waschen, gut abtropfen lassen und grob hacken. Die Frühlingszwiebeln putzen, waschen. Weiße und grüne Anteile getrennt in Röllchen schneiden. Knoblauch schälen, fein würfeln. Die Zitrone heiß waschen, abtrocknen, die Schale fein abreiben und den Saft einer Zitronenhälfte auspressen.

2 Das Olivenöl in einer weiten Pfanne erhitzen. Die Paprikawürfel und die weißen Frühlingszwiebelröllchen darin kurz andünsten. Die grünen Anteile mit Spinat, und Knoblauch hinzufügen und kurz erhitzen, bis der Spinat zusammengefallen ist. Mit etwas Salz und Pfeffer würzen und mit Kreuzkümmel, Zitronenschale sowie 1–2 EL Zitronensaft abschmecken.

3 Den Backofen auf 200° vorheizen. Das Gemüse auf vier ofenfeste Auflaufförmchen (oder eine große Auflaufform) verteilen. Mit einem Esslöffel jeweils eine Mulde in die Sauce drücken, die Eier in die Mulden gleiten lassen, mit Salz und Pfeffer würzen. Den Feta darüber krümeln. Im heißen Ofen (Mitte) in ca. 10 Min. stocken lassen.

4 Minze abbrausen, trocken schütteln. Die Blättchen von den Stängeln und etwas kleiner zupfen. Die Shakshuka aus dem Ofen nehmen und mit Minze und Schwarzkümmel bestreuen.

ZUCCHINI-PASHTIDA

פשטידת קישואים

Ob mit oder ohne Teig – Pashtida ist die israelische Variante der Quiche. Ich bereite sie am liebsten mit Strudelteigblättern zu, die schon fix und fertig sind und im Ofen herrlich knusprig werden.

Für 4 Portionen
Zubereitung: ca. 30 Min.
Backzeit: ca. 30 Min.
Pro Portion ca. 570 kcal

750 g Zucchini
4 EL Olivenöl
Salz, Pfeffer
4 Eier (M)
150 g Schmand
150 g griechischer Joghurt (10 % Fettgehalt)
1 gehäufter EL Mehl
2 Knoblauchzehen
4 Stängel Minze
100 g Schafskäse (Feta)
30 g Butter
100 g Strudelteigblätter (Kühlregal)
je 1 EL heller und schwarzer Sesam

AUSSERDEM
1 Auflaufform (24 × 28 cm)

1 Die Zucchini waschen, abtrocknen und in etwa 4 mm dünne Scheiben schneiden. In einer Pfanne je 2 EL Öl erhitzen und die Zucchini darin in 2 Portionen für jeweils 5–8 Min. anbraten, bis sie leicht gebräunt sind. Dabei mehrmals wenden. Die Scheiben mit Salz und Pfeffer würzen und aus der Pfanne nehmen.

2 Eier, Schmand, Joghurt und Mehl verrühren. Knoblauch schälen, fein hacken. Die Minze abbrausen, trocken schütteln. Blättchen und Stängel fein hacken. Mit dem Knoblauch zur Eiercreme geben, den Feta dazu krümeln. Den Guss mit Salz und Pfeffer kräftig abschmecken.

3 Die Butter schmelzen lassen. Die Form mit etwas Butter einfetten. Zwei Teigblätter überlappend hineinlegen, mit Butter bepinseln, mit zwei weiteren Teigblättern bedecken. Den Backofen auf 180° vorheizen.

4 Zucchini und Guss abwechselnd in zwei Portionen in die Form schichten, dabei mit dem Guss abschließen. Sesam darüber streuen. Im Ofen (unten) 30 Min. garen, bis die Oberfläche leicht gebräunt ist.

MEJADRA – DAS GERICHT MIT DEN VIELEN NAMEN

Leuchtende Gewürze, saftige Datteln, frisches Obst und Gemüse und feinstes Street-Food – in Israel über einen Markt zu schlendern ist wahrlich ein Fest für die Sinne.

Mejadra, Mujadara, Mujaddara oder auch Moujadara besteht aus den Hauptzutaten Reis und Linsen – zumindest in Israel. In Palästina verwendet man anstelle von Reis Bulgur. Das ist aber auch schon der einzige Unterschied. Hier wie dort wird das einfache und erschwingliche Essen von einem Berg goldbraun gerösteter Zwiebeln bedeckt, die dem herzhaften Gericht optisch wie geschmacklich die Krone aufsetzen! Früher diente das nahrhafte Essen als gute Grundlage für kräftezehrende, körperlich anstrengende Arbeit im Weinberg oder bei der Olivenernte. Heute liegt das überaus schmackhafte, gesunde und obendrein vegetarische bzw. vegane Gericht wieder voll im Trend – so ändern sich die Zeiten ...

Für meine Mejadra verwende ich am liebsten kleine grüne Linsen. Aber auch andere Sorten sind geeignet, Hauptsache, sie werden beim Kochen nicht zu weich. Um dem traditionellen Reis-Linsen-Gericht mehr Pep zu geben, füge ich gerne etwas Süßes hinzu, meist getrocknete Sauerkirschen, manchmal auch Datteln oder Rosinen. Mit knusprig gerösteten Mandeln, einer Handvoll duftender Kräuter und einem großzügigen Löffel cremigem Joghurt oder Kokosjoghurt als Topping wird aus diesem ehemals schlichten Alltagsgericht ein modernes Wohlfühlessen.

MEJADRA

מג'דרה

Für 4 Portionen
Zubereitung: ca. 45 Min.
Pro Portion ca. 720 kcal

200 g grüne Linsen (Puy-Linsen)
1 TL Korianderkörner
2 TL Kreuzkümmel
10 grüne Kardamomkapseln
4 Zwiebeln
2 EL Olivenöl
1 TL Zimtpulver
1 TL gemahlene Kurkuma
200 g Basmati-Wildreis-Mischung
Salz
30 g getrocknete Sauerkirschen
50 g Mandeln
250 ml Frittieröl
3 EL Mehl
3 Stängel Minze
3 Stängel Dill
3 EL Zitronensaft
Pfeffer
200 g griechischer Joghurt (10 % Fettgehalt)

1 Die Linsen in einem Sieb kalt abspülen. In einem Topf mit reichlich Wasser bedecken, aufkochen und bei mittlerer Hitze in ca. 15 Min. weich garen. Am Ende der Garzeit abgießen und abtropfen lassen. Inzwischen die Korianderkörner und den Kreuzkümmel im Mörser grob zerstoßen. Die Samen aus den Kardamomkapseln lösen.

2 Die Zwiebeln schälen. Drei Zwiebeln in feine Ringe schneiden und beiseitestellen. Die vierte Zwiebel fein würfeln. In einer weiten Pfanne das Olivenöl erhitzen und die Zwiebelwürfel darin goldbraun anbraten. Gemörserte Gewürze, Kardamomsamen, Zimt und Kurkuma kurz mit anrösten. Reismischung, 400 ml Wasser und 1 TL Salz dazugeben. Alles aufkochen und zugedeckt bei schwacher Hitze 18–20 Min. garen. Dabei nach ca. 15 Min. die Linsen und Sauerkirschen hinzufügen. Die letzten 3–5 Min. offen garen, bis die Flüssigkeit verkocht ist.

3 In der Zwischenzeit die Mandeln grob hacken, in einer Pfanne ohne Fett hellbraun anrösten und herausnehmen. In der Pfanne das Frittieröl erhitzen. Die Zwiebelringe im Mehl wenden, überschüssiges Mehl abklopfen. Die Zwiebeln portionsweise im heißen Öl knusprig braun braten, danach auf Küchenpapier geben und entfetten.

4 Kräuter abbrausen, trocken schütteln. Die Blättchen bzw. Spitzen von den Stängeln zupfen und grob hacken. Die Hälfte der Röstzwiebeln und Mandeln zum Linsenreis geben. Mit Zitronensaft, Salz und Pfeffer abschmecken.

5 Die Mejadra auf vier Tellern anrichten und mit jeweils einem Klecks Joghurt sowie den restlichen Röstzwiebeln und Mandeln garnieren. Die Kräutern darüber streuen.

SPINAT-FETA-TEIGSCHNECKE

שבלול בורקס מתרד וגבינת פטה

In Israel sind knusprige Borekas ein beliebter Snack. Meist werden die Teigtaschen als kleine Dreiecke geformt. Meine Version kommt als stattliche Familienvariante groß heraus.

Für 4 Portionen
Zubereitung: ca. 35 Min.
Backzeit: ca. 40 Min.
Pro Portion ca. 975 kcal

1 Zwiebel
2 Knoblauchzehen
1 EL Olivenöl
600 g TK-Blattspinat
Salz, Pfeffer
2 TL Baharat
2 Eier (M)
2 EL Milch
400 g Schafskäse (Feta)
100 g Butter
2 Pck. Filoteig (à 250 g)
1 EL heller Sesam
2 TL schwarzer Sesam

AUSSERDEM
1 Springform (28 cm ∅)

1 Die Zwiebel und den Knoblauch schälen, fein würfeln. Das Olivenöl in einer Pfanne erhitzen und die Zwiebelwürfel darin glasig dünsten. Den Knoblauch unterrühren. Den Spinat dazugeben, etwas zerpflücken und ca. 3 Min. dünsten. Das Gemüse mit Salz, Pfeffer und Baharat würzen, in eine Schüssel geben und abkühlen lassen.

2 Ein Ei trennen. Das Eigelb in einem Becher mit der Milch verquirlen und beiseitestellen. Das Eiweiß und das zweite Ei unter den abgekühlten Spinat rühren. Den Feta zerbröckeln und gleichfalls untermischen.

3 Backofen auf 180° vorheizen. Die Butter schmelzen. Die Form mit etwas Butter einfetten, den Rest lauwarm abkühlen lassen. Teig aus dem Kühlschrank nehmen.

4 Jeweils 2 Teigblätter aufeinanderlegen und mit etwas flüssiger Butter bestreichen. Auf das untere Drittel etwa 2 EL der Spinatfüllung geben und den Teig von unten nach oben einrollen. Innen an den Rand der Form legen. Auf diese Weise alle Teigblätter füllen und von außen nach innen kreisförmig in die Springform legen.

5 Die Teigschnecke mit der Eigelbmischung bestreichen und mit Sesamsamen bestreuen. Im Ofen (unten) in ca. 40 Min. goldbraun backen. Die Boreka schmeckt frisch aus dem Ofen ganz besonders köstlich, kann aber auch lauwarm oder abgekühlt gegessen werden. Dazu passt ein knackig-frischer Salat als Beilage.

KIBBEH

קיבה סורי

Kibbehs stammen ursprünglich aus Syrien, werden meist zu kleinen ovalen Bällchen geformt und frittiert. Meine Variante aus dem Ofen ist einfach und schnell gemacht, aber nicht minder köstlich.

Für 4 Portionen
Zubereitung: ca. 40 Min.
Backzeit: ca. 45 Min.
Pro Portion ca. 523 kcal

600 g mehligkochende Kartoffeln
Salz
250 g Bulgur
1 Zwiebel
½ Bund Petersilie
½ Bund Minze
1 TL Korianderkörner
1 TL Kreuzkümmel
8 EL Olivenöl
2 EL Mehl
½ TL Muskatblüte (ersatzweise Muskatnuss)
½ TL Zimtpulver
Cayennepfeffer

AUSSERDEM
1 Springform (28 cm ∅)

....

Tipp: Dazu passt ein grüner Salat oder Avocado-Mus. Eine Tahin- oder Joghurtsauce sorgt für noch mehr orientalische Würze.

1 Die Kartoffeln waschen und mitsamt der Schale in kochendem Salzwasser in etwa 20 Min. weich garen. Den Bulgur in eine Schüssel geben, mit warmem Wasser bedecken und ca. 10 Min. quellen lassen.

2 Die Kartoffeln am Ende der Garzeit abgießen, kalt abschrecken und pellen. In eine Schüssel geben und mit dem Kartoffelstampfer zerdrücken. Den Bulgur in ein Sieb abgießen und abtropfen lassen. Überschüssiges Wasser mit einem Esslöffel ausdrücken.

3 Die Zwiebel schälen und fein würfeln. Die Kräuter abbrausen, trocken schütteln. Die Blättchen mitsamt den Stängeln fein hacken. Korianderkörner und Kreuzkümmel im Mörser fein zerstoßen.

4 Bulgur, Zwiebelwürfel und gehackte Kräuter mit 2 EL Olivenöl, 2 EL Mehl, gemörserten Gewürzen, Muskatblüte, Zimt, 1 ½ TL Salz und reichlich Cayennepfeffer zu den Kartoffeln geben. Alle Zutaten gründlich verkneten und kräftig abschmecken. Die Masse sollte elastisch, aber nicht weich sein. Bei Bedarf zusätzlich 1 EL Mehl unterkneten.

5 Den Backofen auf 200° vorheizen. Die Form mit etwas Olivenöl gründlich einfetten und die Masse gleichmäßig hineindrücken. Mit einem scharfen, eingeölten Messer ein tiefes Rautenmuster hineinschneiden. Die Masse mit dem übrigen Öl (5 EL) beträufeln und im Ofen (Mitte) in ca. 45 Min. goldbraun und knusprig herausbacken.

AUBERGINEN-LASAGNE

לזניה חצילים

Für 4 Portionen
Zubereitung: ca. 50 Min.
Pro Portion ca. 390 kcal

3 große Auberginen (ca. 900 g)
10 EL Olivenöl
Salz, Pfeffer
1 Zwiebel
2 Knoblauchzehen
500 g Tomaten
1 gelbe Paprika
500 g Zucchini
1 Glas Kichererbsen
(250 g Abtropfgewicht)
1 TL Zimtpulver
1 TL Chiliflocken
2 EL Granatapfelsirup
3 Stängel glatte Petersilie
1 gehäufter EL Zhug (Würzsauce)
1 EL Zitronensaft

....

Tipp: Zhug ist eine kräftig grüne, scharfe Kräuterpaste aus reichlich Koriandergrün, Petersilie, Chili, Gewürzen und Olivenöl (s. S. 19). Ersatzweise können Sie Basilikumpesto benutzen.

1 Backofen auf 220° Umluft vorheizen. Zwei Backbleche mit Backpapier belegen. Die Auberginen waschen, abtrocknen und längs in 1 cm dicke Scheiben schneiden. 16 große Auberginenscheiben auf die Backbleche legen, mit 2 EL Olivenöl bestreichen und mit Salz und Pfeffer würzen. Im Ofen 20–25 Min. backen, bis sie goldbraun sind, dabei die Bleche nach 10 Min. tauschen.

2 In der Zwischenzeit für die Füllung die Zwiebel und den Knoblauch schälen und hacken. Tomaten waschen und in kleine Würfel schneiden, dabei von den Stielansätzen befreien. Paprika waschen, halbieren, Stielansatz, weiße Trennwände und Kerne entfernen. Paprikahälften und übrige Auberginen in kleine Würfel schneiden. Die Zucchini putzen, waschen, der Länge nach halbieren und quer in dünne Scheiben schneiden. Kichererbsen in ein Sieb abgießen, kalt abspülen und abtropfen lassen.

3 In einem Topf 4 EL Olivenöl erhitzen. Auberginenwürfel, Paprika und Zucchini darin 5 Min. kräftig anbraten. Zwiebel und Knoblauch dazugeben und kurz mit andünsten. Tomaten, Kichererbsen, Zimt, Chiliflocken und Sirup hinzufügen und das Gemüse weitere 5 Min. dünsten. Die Petersilie abbrausen, trocken schütteln. Die Blättchen von den Stängeln zupfen, fein hacken und unter das Gemüse mischen. Mit Salz und Pfeffer herzhaft abschmecken.

4 Für das Kräuteröl das Zugh mit 4 EL Olivenöl und dem Zitronensaft verrühren. Mit Salz würzen. Die Auberginenscheiben aus dem Ofen nehmen. Jeweils eine Scheibe auf jeden der vier Teller (möglichst vorgewärmt) legen und 2 EL Gemüsefüllung darauf geben. Mit einer weiteren Scheibe bedecken und wieder etwas Füllung darauf geben. So fortfahren, bis alle Auberginenscheiben und die Füllung geschichtet sind. Die Lasagne jeweils mit Kräuteröl beträufeln und servieren.

LATHKES MIT PETERSILIENWURZEL

לטקס עם שורש פטרוזיליה

Lathkes sind knusprige Kartoffelpuffer, die ihren Ursprung in Osteuropa haben. Traditionell werden sie im Dezember mit Apfelmus zu Chanukka, dem jüdischen Lichterfest, gegessen.

Für 4 Portionen
Zubereitung: ca. 35 Min.
Pro Portion ca. 560 kcal

FÜR DEN DIP

½ Bio-Zitrone
4 Stängel Dill
1 TL Fenchelsamen
200 g saure Sahne
Salz, Pfeffer

FÜR DIE LATHKES

1 große Zwiebel
600 g mehligkochende Kartoffeln
400 g Petersilienwurzeln
200 g Halloumi
2 Eier (M)
100 g Mehl
Salz, Pfeffer
frisch geriebene Muskatnuss

AUSSERDEM

Pflanzenöl zum Braten

1 Für den Dip die Zitrone heiß waschen, abtrocknen und 1 TL Schale abreiben. Dill abbrausen, trocken schütteln, die Spitzen von den Stängeln zupfen und klein hacken. Die Fenchelsamen im Mörser fein zerstoßen. Zitronenschale, Dill, Fenchelsamen und saure Sahne in einer kleinen Schüssel verrühren, mit Salz und Pfeffer würzen.

2 Für die Lathkes die Zwiebel schälen und ganz fein würfeln. Kartoffeln und Petersilienwurzeln putzen, waschen und schälen. Beides auf der Rohkostreibe oder in der Küchenmaschine grob raspeln. Die Gemüseraspel in ein sauberes Geschirrtuch geben und möglichst viel Flüssigkeit ausdrücken. Den Halloumi grob reiben. Alles mit Zwiebel, Eiern und Mehl in einer Schüssel verrühren. Die Masse mit Salz, Pfeffer und Muskatnuss herzhaft würzen.

3 In einer weiten Pfanne 2–3 EL Öl erhitzen. Je 1 gehäuften EL der Gemüse-Käse-Masse hineingeben, etwas flach drücken und von beiden Seiten bei mittlerer Hitze goldbraun braten. Die fertigen Lathkes herausnehmen, auf Küchenpapier entfetten. So mit der übrigen Masse fortfahren, bis alle Kartoffelpuffer gebraten sind. Diese nach Belieben auf ein Backblech geben und bis zum Servieren in dem auf 120° vorgeheizten Backofen warmstellen. Die Lathkes mit dem Dip anrichten.

18

OFENKÜRBIS MIT KORIANDERSAUCE

דלעת בתנור עם רוטב כוסברה

Für 4 Portionen
Zubereitung: ca. 35 Min.
Pro Portion ca. 650 kcal

FÜR DEN KÜRBIS

1,5 kg Hokkaido-Kürbis
4 EL Olivenöl
2 TL Honig
4 EL Limettensaft
Salz, Pfeffer

FÜR DIE SAUCE

4 EL Pinienkerne
1 TL Kardamomkapseln
1 großes Bund Koriandergrün
3 Knoblauchzehen
2 kleine grüne Chilischoten
4 EL Limettensaft
6 EL Olivenöl
Salz

FÜR DIE GARNIERUNG

1 Limette
250 g griechischer Joghurt (10 % Fettgehalt)
2 EL sehr gutes Olivenöl zum Beträufeln

1 Backofen auf 220° vorheizen. Kürbis waschen, aufschneiden, Kerne und Fasern entfernen. Das Fruchtfleisch in etwa 2 cm dicke Spalten schneiden. Die Kürbisspalten nebeneinander auf ein Backblech legen. Öl, Honig, Limettensaft, Salz und Pfeffer mischen und die Kürbisspalten großzügig damit bestreichen. Im Ofen ca. 20 Min. backen, bis der Kürbis gar und leicht gebräunt ist.

2 Für die Sauce die Pinienkerne in einer Pfanne ohne Fett bei mittlerer Hitze goldbraun anrösten, dann abkühlen lassen. 2 EL davon beiseitestellen. Die Samen aus den Kardamomkapseln herauslösen. Das Koriandergrün abbrausen, trocken schütteln. Grobe Stängel entfernen.

3 Den Knoblauch schälen und grob hacken. Chili waschen, halbieren, Stielansatz, weiße Trennwände und Kerne entfernen. Chilihälften grob hacken. Knoblauch, Chili, Kardamomsamen, die Blättchen und feinen Stängel vom Koriander, Limettensaft, Olivenöl und 2 EL Pinienkerne mit dem Pürierstab pürieren. Mit Salz würzen.

4 Die Limette heiß waschen, abtrocknen und in Stücke schneiden. Die Kürbisspalten aus dem Ofen nehmen und mit einem Klecks Joghurt und den Limettenstücken auf Tellern anrichten. Mit Koriandersauce und etwas Olivenöl beträufeln. Übrige Pinienkerne darüber streuen.

AUBERGINENSUPPE

מרק חצילים

Bei uns zu Hause wurden die Auberginen für diese Suppe über offenem Feuer geröstet, so erhielt die Suppe ein kräftiges Raucharoma. Ich nehme stattdessen ein wenig Räucherpaprika.

Für 4 Portionen
Zubereitung: ca. 50 Min.
Pro Portion ca. 200 kcal

1 kg Auberginen
3 Tomaten
1 Zwiebel
2 Knoblauchzehen
4 EL Olivenöl
3 gehäufte EL Tomatenmark
2 TL gemahlener Kreuzkümmel
2 TL Harissa (scharfe Würzpaste)
2 TL Dattelsirup
2 EL Zitronensaft
800 ml Gemüsebrühe
Salz, Pfeffer
½ TL Pimentòn de la vera
(geräuchertes Paprikapulver)
4 Stängel Dill
4 Stängel glatte Petersilie

....

Tipp: Geräuchertes Paprikapulver (Pimentòn de la vera) erhalten Sie im gut sortierten Supermarkt, im Feinkostladen oder über das Internet. Nur sparsam dosieren, es schmeckt sehr intensiv!

1 Den Backofen auf 220° vorheizen. Ein Backblech mit Backpapier auslegen. Die Auberginen putzen, waschen und abtrocknen. 800 g Auberginen längs halbieren, das Fruchtfleisch kreuzweise einschneiden und mit der glatten Seite nach unten auf das Blech legen. Im Ofen ca. 35 Min. garen, bis das Fruchtfleisch ganz weich ist, dabei die Auberginen zwischendurch einmal wenden Tomaten waschen, vierteln und den Stielansatz entfernen. Das Innere herausschneiden und aufbewahren, das Fruchtfleisch fein würfeln und beiseitestellen..

2 Zwiebel und Knoblauch schälen, fein würfeln. In einem Topf 1 EL Öl erhitzen, Zwiebel und Knoblauch darin andünsten. Tomatenmark und Kreuzkümmel unterrühren und 1 Min. mit anrösten. Tomateninneres, Harissa, Sirup, Zitronensaft und Brühe hinzufügen. Alles aufkochen und bei kleiner Hitze etwa 10 Min. offen köcheln lassen.

3 Für das Topping die übrige Aubergine in kleine Würfel schneiden. In einer Pfanne 3 EL Öl erhitzen, Auberginenwürfel darin ca. 5 Min. kräftig anbraten, bis sie gebräunt sind. Die Tomatenwürfel kurz mit anbraten. Das Gemüse mit Salz und Pfeffer würzen und beiseitestellen.

4 Das Auberginenfruchtfleisch am Ende der Garzeit mit einem Löffel aus der Schale lösen, in die Suppe geben und alles mit dem Pürierstab fein pürieren. Ist die Konsistenz zu dickflüssig, noch etwas Brühe unterrühren. Mit Salz, Pfeffer und Pimentòn de la vera abschmecken.

5 Kräuter abbrausen, trocken schütteln. Die Blättchen und Stängel fein hacken. Das Pfannengemüse erhitzen und die Hälfte der Kräuter unterrühren. Die Suppe auf vier Teller verteilen und das Topping obenauf geben. Mit den übrigen Kräutern bestreut servieren.

SABICH

סביח

Sabich ist der neue Streetfood-Hero. Die israelische Variante des Sandwichs ist im Begriff, Falafel als beliebtestes To-go-Essen abzulösen. Kein Wunder, das üppig gefüllte Pita-Brot schmeckt köstlich!

Für 4 Portionen
Zubereitung: ca. 1 Std.
Pro Portion ca. 525 kcal

FÜR DIE FÜLLUNG

2 kleine Auberginen
Salz
4 Eier (M)
2 Mini-Gurken
200 g Kirschtomaten
2 Frühlingszwiebeln
6 Stängel Koriandergrün

FÜR DIE SAUCE

100 g Tahin (Sesampaste)
2 EL Zitronensaft
½ TL gemahlener Kreuzkümmel
Salz, Pfeffer

FÜR DAS ZHUG

½ Bund Petersilie
1 Bund Koriandergrün
½ grüne Chilischote
1 Knoblauchzehe
1 Msp. gemahlener Kardamom
½ TL gemahlener Kreuzkümmel
½ TL gemahlener Koriander
3 EL Olivenöl
1 TL Zitronensaft
Salz

AUSSERDEM

Olivenöl zum Braten
4 Pita-Brote

1 Für die Füllung Auberginen putzen, waschen und längs halbieren, dann quer in ca. 1 cm dicke Scheiben schneiden. Mit Salz bestreuen und etwa 30 Min. ziehen lassen. Die Eier in kochendem Wasser in ca. 10 Min. hart kochen, danach kalt abschrecken, pellen und sechsteln.

2 Gurken und Tomaten waschen, würfeln. Frühlingszwiebeln putzen, waschen und in dünne Ringe schneiden. Koriander abbrausen, trocken schütteln. Die Blätter von den Stängeln zupfen. Mit Gurken, Tomaten und Frühlingszwiebeln in einer Schüssel vermischen, mit etwas Salz und Pfeffer würzen und ca. 20 Min. ziehen lassen.

3 Tahin, Zitronensaft, Kreuzkümmel und ca. 70 ml Wasser zu einer sämigen Sauce verrühren. Salzen und pfeffern.

4 Für das Zhug die Kräuter waschen, trocken schütteln. Die Blättchen von den Stängeln zupfen und grob hacken. Die Chilischote waschen, halbieren, Stielansatz, weiße Trennwände und Kerne entfernen. Die Chilihälften grob hacken. Knoblauch schälen, grob hacken. Kräuter, Chili und Knoblauch mit Gewürzen und Öl fein pürieren. Das Zhug mit Zitronensaft und Salz abschmecken.

5 Die Auberginenscheiben mit Küchenpapier trocken tupfen. Etwas Olivenöl in einer Pfanne erhitzen, die Auberginenscheiben darin in zwei bis drei Portionen je ca. 2 Min. pro Seite kräftig anbraten. Mit Salz und Pfeffer würzen und auf Küchenpapier entfetten.

6 In die Pita-Brote eine Tasche schneiden. Jeweils 1–2 EL Tahin-Sauce in die Taschen streichen. Pita-Brote üppig mit Auberginenscheiben, Eiern und Salat füllen, abschließend das Zhug darauf geben.

LINSEN-SPINAT-SUPPE

מרק עדשים ותרד

Für 4 Portionen
Zubereitung: ca. 45 Min.
Pro Portion ca. 375 kcal

1 Zwiebel
2 Knoblauchzehen
3 Möhren (ca. 300 g)
1 Süßkartoffel (ca. 300 g)
2 TL Kreuzkümmel
2 TL Korianderkörner
2 EL Olivenöl
1 TL Cayennepfeffer
½ TL gemahlener Piment
2 EL Tomatenmark
ca. 1,5 l Gemüsebrühe
200 g rote Linsen
1 Lorbeerblatt
Salz
300 g Blattspinat
1 Bio-Zitrone
½ Bund Koriandergrün
Pfeffer

1 Zwiebel und Knoblauch schälen, die Zwiebel fein würfeln, den Knoblauch hacken. Möhren und Süßkartoffel schälen und in kleine Würfel schneiden. Kreuzkümmel und Korianderkörner im Mörser grob zerstoßen.

2 In einem weiten Topf das Öl erhitzen. Die Zwiebelwürfel darin glasig dünsten. Knoblauch, Möhren, Süßkartoffel, sämtliche Gewürze und Tomatenmark dazugeben und kurz unterrühren. 1,5 l Gemüsebrühe angießen, Linsen und Lorbeerblatt dazugeben und alles aufkochen. Die Suppe mit etwas Salz würzen. Bei kleiner Hitze im leicht geöffneten Topf ca. 15 Min. kochen lassen, bis die Linsen weich sind. Bei Bedarf noch weitere 5 Min. zugeben.

3 Inzwischen den Spinat putzen, dicke Stiele entfernen, dünne Stiele und Blätter etwas kleiner schneiden. Den Spinat waschen. Eine weite Pfanne erhitzen, tropfnassen Spinat hineingeben und kurz zusammenfallen lassen, dann herausnehmen. Die Zitrone heiß waschen, abtrocknen und die Schale sehr fein abreiben. Die Zitrone halbieren, den Saft auspressen. Koriandergrün abbrausen, trocken schütteln. Die Blättchen und Stängel fein hacken.

4 Sind die Linsen gar, 2 Suppenkellen davon abnehmen und das Lorbeerblatt entfernen. Die übrige Linsensuppe grob pürieren. Abgenommene Linsen, Koriander, Spinat und Zitronenschale in den Topf geben und erhitzen. Ist die Suppe zu dickflüssig, noch etwas Brühe unterrühren.

5 Die Suppe mit Zitronensaft und nach Belieben mit Salz und Pfeffer abschmecken. Auf Teller verteilen.

DESSERTS

Süß, süßer, am süßesten! Trockenfrüchte, Nüsse und Gewürze baden in Rosenwasser und Sirup und entführen Ihren Gaumen in 1001 Nacht. Ein Tässchen mit Kardamom gewürztem Kaffee dazu, und Sie fühlen sich von Scheherazade geküsst. Probieren Sie's aus!

LABANEH MIT FEIGEN UND HALVA

לבנה עם תאנים וחלבה

In diesem Dessert habe ich meine Lieblingszutaten vereint: cremigen Labaneh, der mit aromatischem Kardamom verfeinert wird. Dazu duftende Feigen und süße Halva – ein Gedicht!

Für 4 Portionen
Abtropfzeit: ca. 24 Std.
Zubereitung: ca. 35 Min.
Pro Portion ca. 440 kcal

FÜR DIE LABANEH

2 Kardamomkapseln
1 Bio-Zitrone
750 g griechischer Joghurt (10 % Fettgehalt)
1 EL Zucker

AUSSERDEM

8 Feigen
2 EL Granatapfelsirup
2 ½ EL Honig (z. B. Waldhonig)
3 EL Mandeln
40 g Halva (Sorte nach Wahl, arabisches oder türkisches Lebensmittelgeschäft)

AUSSERDEM

1 Auflaufform (ca. 20 × 24 cm)

1 Die Samen aus den Kardamomkapseln herauslösen und im Mörser fein zerstoßen. Die Zitrone heiß waschen, abtrocknen und die Schale sehr fein abreiben. Die Zitrone halbieren, den Saft auspressen. Joghurt, Zitronenschale, 1 EL Zitronensaft, Zucker und Kardamom verrühren.

2 Die Joghurtmasse mittig auf ein sauberes Mulltuch oder Geschirrtuch geben. Die Ecken des Tuchs zusammenbinden. Das Säckchen in ein feines Sieb legen, dieses in eine Schüssel hängen und den Joghurt mindestens 24 Std. im Kühlschrank abtropfen lassen.

3 Am nächsten Tag den Backofen auf 200° vorheizen. Die Feigen waschen, abtrocknen und halbieren. Mit der glatten Fläche nach oben in eine Auflaufform legen. Mit 2 EL Zitronensaft, Granatapfelsirup und Honig beträufeln. Die Mandeln grob hacken und darüber streuen. Im Ofen (Mitte) ca. 15 Min. garen, bis die Feigen weich und schön gebräunt sind. Die Form aus dem Ofen nehmen.

4 Aus der Joghurtmasse vier große, lockere Nocken abstechen und auf Teller geben. Die Feigen mitsamt den Mandeln und etwas Sud hinzufügen. Halva in kleine Stückchen schneiden und darüber streuen.

MALABI

מלבי

Für 4 Portionen
Zubereitung: ca. 30 Min.
Kühlzeit: ca. 2 Std.
Pro Portion ca. 410 kcal

FÜR DIE CREME
50 g Speisestärke
300 ml Milch
200 g Sahne
4 EL Zucker
2 EL Rosenwasser
1 Prise Salz
¼ TL gemahlene Vanille

AUSSERDEM
4 Dessertschälchen (à 150 ml)
2 EL Pistazienkerne
6 EL Granatapfelsirup
(gesüßt; Grenadine)

1 Die Speisestärke zusammen mit 100 ml Milch in eine kleine Schale geben und glatt verrühren.

2 Restliche Milch (200 ml), Sahne, Zucker, Rosenwasser, Salz und Vanille in einen Topf geben und bei mittlerer Hitze aufkochen. Sobald die Milch kocht, die Stärkemischung mit einem Rührbesen gut untermischen. Den Pudding unter ständigem Rühren nochmals kurz aufkochen lassen, dann den Topf vom Herd nehmen.

3 Die Dessertschälchen mit kaltem Wasser ausspülen und kurz abtropfen lassen. Den Pudding in die Schälchen gießen und etwas abkühlen lassen. Danach für mindestens 2 Std. in den Kühlschrank stellen.

4 Die Pistazienkerne mit einem Messer grob hacken. Zum Servieren den Pudding mit einem kleinen Messer aus den Förmchen lösen und auf je einen Dessertteller stürzen. Mit Granatapfelsirup beträufeln und mit den gehackten Pistazienkernen bestreuen.

HIMBEER-ROSEN-SORBET

סורבה פטל ושושנים

Für 4 Portionen
Zubereitung: ca. 20 Min.
Gefrierzeit: ca. 2 Std.
Pro Portion ca. 170 kcal

500 g Himbeeren (ersatzweise TK-Himbeeren)
100 g Puderzucker
2 EL Zitronensaft
1 TL Rosenwasser

ZUM ANRICHTEN
125 g Himbeeren
1 EL Pistazienkerne
4 Minzeblättchen

1 Für das Sorbet frische Himbeeren verlesen, kurz mit kaltem Wasser abbrausen und abtropfen lassen. TK-Himbeeren auftauen lassen.

2 Himbeeren, Puderzucker, Zitronensaft und Rosenwasser in einen hohen Rührbecher geben und mit dem Pürierstab fein pürieren. Alternativ einen Standmixer verwenden. Das Beerenpüree durch ein feines Sieb streichen, so bleiben die Kerne zurück.

3 Das Beerenpüree in der Eismaschine zu cremigem Sorbet verarbeiten. Ersatzweise das Püree in eine tiefkühlgeeignete Schale geben und für ca. 2 Std. in das Tiefkühlfach stellen. Dabei etwa alle 20 Min. mit einem Rührbesen oder einer Gabel kräftig von außen nach innen rühren, damit das Sorbet schön cremig wird.

4 Die Pistazienkerne grob hacken. Zum Servieren das Sorbet in Gläser füllen und mit frischen Himbeeren, gehackten Pistazien und Minzeblättchen anrichten.

BAKLAVA

בקלאווה

Nicht ohne Grund zählt Baklava im orientalischen Raum zu einer der beliebtesten Gebäcksorten – schon beim Anblick der sirupgetränkten Teilchen läuft mir das Wasser im Mund zusammen ...

Für 36 Stück
Zubereitung: ca. 1 Std.
Backzeit: 45 Min.
Ziehen: mind. 6 Std.
Pro Stück ca. 214 kcal

400 g Walnusskerne
100 g Pistazienkerne (ungesalzen, ungeröstet)
1 TL Zimtpulver
200 g Butter
2 Pck. Filoteig (à 250 g)
200 g Zucker
1 TL grüne Kardamomkapseln
150 g Honig (z. B. Blütenhonig)
4 EL Zitronensaft

AUSSERDEM
1 ofenfeste quadratische Form (30 × 30 cm)

....

Tipp: Mein Baklava bereite ich mit deutlich weniger Zuckersirup zu, als es traditionellerweise gemacht wird. Einen Teil des Zuckers ersetze ich durch Honig, so schmeckt der Sirup herrlich aromatisch.

1 Walnüsse und Pistazien portionsweise im Blitzhacker grob hacken. 2 EL der Nussmischung in einer Schüssel mit Zimt vermischen und beiseitestellen. Butter schmelzen. Die Form mit etwas von der Butter ausstreichen.

2 Die Teigblätter aus der Packung nehmen und auseinanderrollen. Zwei Teigblätter in die Form legen und mit Butter bestreichen. Zwei weitere Teigblätter darauflegen, diese mit Butter bestreichen und so fortfahren, bis insgesamt 4 Lagen à 2 Teigblättern entstanden sind.

3 Nun 4 gehäufte EL der Nussmischung darauf streuen. Mit 2 Teigblättern bedecken, diese mit Butter bestreichen und wieder 4 EL der Nussmischung darauf verteilen. Auf diese Weise fortfahren, bis die Mischung aufgebraucht ist. Mit 3 Lagen à 2 Teigblättern abschließen, dabei jede Lage mit flüssiger Butter bestreichen.

4 Backofen auf 180° vorheizen. Die Teigblätter mit einem scharfen Messer in 36 kleine Quadrate schneiden. Im vorgeheizten Ofen (Mitte) etwa 45 Min. backen, bis der Teig knusprig und goldbraun ist.

5 Inzwischen für den Sirup 250 ml Wasser mit Zucker aufkochen und ca. 10 Min. einkochen lassen. Die Kardamomsamen aus den Kapseln lösen und mit einer breiten Messerklinge zerdrücken. Kardamom, Honig und Zitronensaft unter den Sirup rühren. Etwas abkühlen lassen.

6 Die Form aus dem Ofen nehmen. Das Gebäck mit dem warmen Sirup begießen und mit der beiseitegestellten Nuss-Zimt-Mischung bestreuen. Das Baklava abkühlen und mind. 6 Std. durchziehen lassen.

KEIN CHANUKKA OHNE SUFGANIYOT!

Die Chanukkia (links), hat in Erinnerung an das Öl-Wunder acht Arme – an jedem Chanukka-Abend wird eine Kerze angezündet, die mittlere Kerze dient als Anzünder.

Was bei uns Berliner, Pfannkuchen, Krapfen oder Kreppel heißt, das sind in Israel Sufganiyot. Die köstlichen, weiß bepuderten Krapfen gehören für gläubige Juden zu Chanukka, dem 8 Tage dauernden Lichterfest im November oder Dezember, wie der Christstollen zu Weihnachten. Denn in Gedenken an das Tempelölwunder essen Juden auf der ganzen Welt Speisen, die in Öl frittiert werden. Auch Lathkes, die knusprigen Kartoffelpuffer, sind ein typisches Chanukka-Essen.
Vermutlich waren es Juden aus Österreich oder Ungarn, die das süße, gefüllte Gebäck nach Israel brachten – das erklärt die Parallelen zu dem auch bei uns so beliebten Hefegebäck. Die Sufganiyot sind meist mit Konfitüre gefüllt, doch es gibt auch moderne Varianten mit Schokoladen- oder Vanillecremefüllung.
In manchen Familien werden die mit Puderzucker bestäubten oder mit Zuckerguss versehenen Krapfen auch aus einem einfachen Backpulverteig gemacht. Das ist gerade für Anfänger oder Ungeübte eine gute Alternative zum traditionellen Hefeteig. Ich mag die Krapfen mit dem feinen Hefegeschmack jedoch am liebsten. Auch bei der Füllung halte ich es ganz traditionell und bevorzuge Erdbeerkonfitüre. Sie können Sufganiyot aber genauso gut mit einem anderen Fruchtaufstrich Ihrer Wahl machen.

המיוחדים
של אייל
ללא סוכר

SUFGANIYOT

סופגניות

Für 14 Stück
Gehzeit: ca. 2 Std. 15 Min.
Zubereitung: ca. 50 Min.
Pro Stück ca. 310 kcal

500 g Weizenmehl (Type 550)
42 g frische Hefe (1 Würfel)
125 ml Milch
½ Bio-Zitrone
50 g Zucker
2 Eier (M)
1 Eigelb (M)
100 g zimmerwarme Butter
½ TL Salz

AUSSERDEM
Mehl zum Verarbeiten
1 l Frittieröl
ca. 150 g Erdbeer-Fruchtaufstrich ohne Stücke (ersatzweise Himbeer-Fruchtaufstrich)
Puderzucker zum Bestreuen

1 Für den Hefeteig das Mehl in eine Rührschüssel geben, in die Mitte eine Mulde drücken und die Hefe hineinbröckeln. Die Milch lauwarm erwärmen, zur Hefe gießen und mit etwas Mehl vom Rand zu einem Vorteig verrühren. Die Schüssel abdecken und den Teig an einem warmen Ort etwa 15 Min. gehen lassen.

2 Die Zitrone heiß waschen, abtrocknen und 1 TL Schale fein abreiben. Zucker, Eier, Eigelb, Butter in Flöckchen, Zitronenschale und Salz zum Vorteig geben. Mit der Küchenmaschine in ca. 5 Min. zu einem glatten Teig kneten. Den Teig abgedeckt bei Zimmertemperatur ca. 1 Std. bis zum doppelten Volumen gehen lassen.

3 Teig auf der bemehlten Arbeitsfläche kurz durchkneten. Zu einer Rolle formen und in 14 gleich große Scheiben schneiden. Jede Scheibe auf wenig Mehl zu einer glatten Kugel rollen. Dabei darauf achten, dass sich keine Risse bilden. Die Teigkugeln auf der Arbeitsfläche mit einem Geschirrtuch abdecken und ca. 1 Std. gehen lassen.

4 Das Frittieröl in einem hohen Topf auf 170° erhitzen. Die Teigkugeln portionsweise in das heiße Öl gleiten lassen und 2–3 Min. frittieren. Mit einer Schaumkelle wenden und von der zweiten Seite weitere 2–3 Min. frittieren, bis sie rundum goldbraun sind. Mit der Schaumkelle herausheben, abtropfen lassen und zum Entfetten auf mehrere Lagen Küchenpapier geben.

5 Den Fruchtaufstrich in einen Spritzbeutel mit einer langen, dünnen Tülle füllen und portionsweise in die Mitte der Kugeln spritzen. Die Sufganiyot großzügig mit Puderzucker bestreuen und frisch servieren.

RUGELACH

רוגלך

Die buttrigen, knusprigen Mini-Croissants fülle ich am liebsten mit Tahin und Schokolade; aber auch mit Marzipan, Mohn oder getrockneten Früchten schmecken sie umwerfend gut!

Für 32 Stück
Zubereitung: ca. 1 Std. 15 Min.
Kühl- und Tiefkühlzeit: ca. 4 Std. 20 Min.
Backzeit: 20–25 Min.
Pro Stück ca. 165 kcal

FÜR DEN TEIG
280 g Mehl
50 g Puderzucker
½ TL Salz
225 g kalte Butter
225 g Frischkäse (Doppelrahmstufe)

FÜR DIE FÜLLUNG
125 g Zartbitterschokolade (mind. 70 % Kakaogehalt)
150 g Tahin (Sesampaste)

AUSSERDEM
Mehl zum Arbeiten
1 Eigelb (M)
2 EL heller Sesam zum Bestreuen
2 EL Puderzucker zum Bestreuen

1 Für den Teig Mehl, Puderzucker und Salz in einer Rührschüssel vermischen. Butter in Flöckchen und Frischkäse dazugeben. Sämtliche Zutaten mit den Knethaken des Handrührgeräts oder mit den Fingern zu Streuseln verkneten. Dabei nicht zu stark kneten, im Teig müssen noch kleine Butter- und Frischkäsestückchen zu sehen sein, das macht den Teig so schön mürbe!

2 Den Teig auf der Arbeitsfläche rasch zu einer glatten Teigkugel verarbeiten. Diese halbieren und jede Portion zu einer runden, flachen Teigscheibe formen. In Frischhaltefolie wickeln und mind. 4 Std. kühlen.

3 Für die Füllung die Zartbitterschokolade fein hacken. Das Tahin aufrühren. Eine Teigportion auf wenig Mehl zu einem Kreis mit ca. 33 cm ⌀ ausrollen. Den Kreis in 16 Tortenstücke schneiden. Diese gleichmäßig mit der Hälfte der Sesampaste bestreichen und mit der Hälfte der gehackten Schokolade bestreuen.

4 Die Teigstücke vom breiten Ende her zu kleinen Hörnchen aufrollen. Die Hörnchen nebeneinander auf ein kleines Blech, das in den Tiefkühler passt, legen und für 20 Min. tiefkühlen. Mit dem übrigen Teig und der übrigen Füllung in gleicher Weise verfahren.

5 Backofen auf 200° (Umluft) vorheizen. 2 Backbleche mit Backpapier belegen. Die gefrorenen Hörnchen auf die vorbereiteten Backbleche legen. Das Eigelb und 1 EL Wasser verquirlen. Die Hörnchen damit bestreichen und mit etwas Sesam bestreuen. Im vorgeheizten Ofen (Mitte bzw. untere Mitte) in ca. 20 Min. goldbraun backen, dabei nach der Hälfte der Backzeit die Bleche tauschen. Die fertigen Rugelach aus dem Ofen nehmen, mit Puderzucker bestreuen und auskühlen lassen.

GRIESSKUCHEN MIT ORANGEN

עוגת סולת עם תפוזים

Sie brauchen für diesen Kuchen nicht unbedingt Orangen aus Jaffa, aber süß und saftig sollten die Früchte schon sein. Dazu einen starken Kaffee – und ihre Gäste werden Sie lieben!

Für 14 Stück
Zubereitung: ca. 50 Min.
Backzeit: ca. 45 Min.
Ziehen: ca. 2 Std.
Pro Stück ca. 360 kcal

2 Bio-Orangen
2 Bio-Zitronen
125 g Butter
350 g Hartweizengrieß
1 Pck. Backpulver
4 Eier (M)
250 g Honig (z. B. Blütenhonig)
125 g Zucker
1 TL Zimtpulver
1 Prise Salz
500 g Joghurt

AUSSERDEM
Springform (28 cm ∅)
Butter und Grieß für die Form
3 Orangen
500 g griechischer Joghurt (10 % Fettgehalt)
3 EL Orangenblütenwasser (nach Belieben)

1 Bio-Orangen und -Zitronen heiß waschen, abtrocknen und die Schale abreiben. Die Früchte halbieren, den Saft auspressen. Zitronen- und Orangensaft mischen. Die Butter schmelzen und lauwarm abkühlen lassen.

2 Grieß und Backpulver mischen. Eier, 100 g Honig, Zucker, Zimt und Salz in einer großen Schüssel mit den Rührbesen des Handrührgeräts schaumig schlagen. Orangen- und Zitronenschale, 100 ml Saftmischung, Joghurt, Butter und die Grieß-Mischung unterrühren.

3 Backofen auf 180° vorheizen. Die Form einfetten, mit Grieß ausstreuen. Den Teig einfüllen, gleichmäßig verteilen und glatt streichen. Im Ofen (untere Mitte) ca. 45 Min. backen, bis die Oberfläche leicht gebräunt ist.

4 In der Zwischenzeit für den Sirup die übrige Saftmischung (150–200 ml), 75 ml Wasser und restlichen Honig (150 g) erhitzen. Kurz aufkochen, dann abkühlen lassen.

5 Orangen bis ins Fruchtfleisch schälen, sodass die weiße Haut entfernt wird. Die Filets zwischen den Trennwänden herausschneiden, mit 4 EL Sirup vermischen. Joghurt mit 4 EL Sirup verrühren. Beides abgedeckt beiseitestellen.

6 Kuchen aus dem Ofen nehmen, mit einem Holzstäbchen mehrmals einstechen. Das Orangenblütenwasser (nach Belieben) unter den Sirup rühren und den Kuchen damit beträufeln. Mindestens 2 Std. durchziehen lassen.

7 Den Kuchen aus der Form lösen, in Stücke schneiden und mit Joghurt und Orangenfilets anrichten.

MOHN-BABKA

בבקה פרג

Für 18 Scheiben
Zubereitung: ca. 1 Std.
Gehzeit: ca. 1 Std. 45 Min.
Backzeit: ca. 50 Min.
Pro Scheibe ca. 315 kcal

FÜR DEN HEFETEIG

375 g Weizenmehl (Type 550)
25 g frische Hefe
180 ml Milch
½ Bio-Orange
60 g Zucker
1 Ei (M)
90 g zimmerwarme Butter
Salz

FÜR DIE FÜLLUNG

250 g Sahne
100 g Honig
250 g gemahlene Mohnsamen
2 TL Zimtpulver
75 g Walnusskerne
2 Eigelb (M)

AUSSERDEM

2 EL Zucker
1 Kastenform (30 × 10 cm)
Butter für die Form
Mehl zum Verarbeiten
2 EL Milch

1 Für den Hefeteig das Mehl in eine Schüssel geben, in die Mitte eine Mulde drücken und die Hefe hineinbröckeln. Die Milch lauwarm erwärmen, zur Hefe gießen und mit etwas Mehl vom Rand zu einem Vorteig verrühren. Abgedeckt an einem warmen Ort ca. 15 Min. gehen lassen.

2 Die Orange heiß waschen, abtrocknen und 1 TL Schale abreiben. Zucker, Ei, Butter in Flöckchen, Orangenschale und 1 Prise Salz zum Vorteig geben. Mit dem Knethaken der Küchenmaschine 5 Min. zu einem glatten Teig kneten. Den Teig abgedeckt bei Zimmertemperatur ca. 1 Std. bis zum doppelten Volumen gehen lassen.

3 Für die Füllung Sahne und Honig in einen Topf geben und aufkochen. Mohn und Zimt hinzufügen und zu einem dicken Brei kochen. Mohnbrei in eine Schüssel umfüllen und lauwarm abkühlen lassen. Walnusskerne grob hacken und mit den Eigelben unterrühren.

4 Für den Zuckersirup 5 EL Wasser und 2 EL Zucker aufkochen, bis sich der Zucker gelöst hat. Abkühlen lassen.

5 Die Form fetten, mit Mehl ausstreuen, überschüssiges Mehl ausklopfen. Den Teig auf der bemehlten Arbeitsfläche zu einem Rechteck von ca. 30 × 40 cm ausrollen. Die Füllung darauf verteilen. Den Teig von der kurzen Seite her aufrollen, dann der Länge nach durchschneiden. Die beiden Stränge ineinander verschlingen und in die Form legen. Weitere 30 Min. gehen lassen.

6 Den Backofen auf 180° vorheizen. Den Teig mit der Milch bestreichen. Die Form in den Ofen (untere Mitte) schieben und die Babka ca. 50 Min. backen. Zwischendurch mit Backpapier abdecken. Am Ende der Backzeit aus dem Ofen nehmen und mit dem Zuckersirup bepinseln. Babka 10 Min. abkühlen lassen, dann aus der Form lösen und auf einem Kuchengitter komplett auskühlen lassen.

חלבת הבית
Home made
halva
חלבה שוקולד
Chocolate
halva

REGISTER

IMPRESSUM

© 2019 GRÄFE UND UNZER VERLAG GmbH, Postfach 860366, 81630 München

GU ist eine eingetragene Marke der GRÄFE UND UNZER VERLAG GmbH, www.gu.de

ISBN 978-3-8338-7082-8
6. Auflage 2023

Konzept und Projektleitung: Vanessa Lotz
Lektorat: Stephanie Gronau
Korrektorat: Adriane Andreas
Innen- und Umschlaggestaltung: independent Medien-Design, München: Horst Moser (Artdirection), Svenja Wamser
Herstellung: Martina Koralewska
Satz: L42 AG, Berlin
Reproduktion: Medienprinzen GmbH, München
Druck und Bindung: dimograf

Backofenhinweis:
Die Backzeiten können je nach Herd variieren. Die Temperaturangaben in unseren Rezepten beziehen sich auf das Backen im Elektroherd mit Ober- und Unterhitze und können bei Gasherden oder Backen mit Umluft abweichen. Details entnehmen Sie bitte Ihrer Gebrauchsanweisung.

Die Autorin:
Stav Cohen ist gebürtige Israelin und lebt seit 3 Jahren in Deutschland. Die Tochter deutsch-israelischer Eltern hat das Kochen von ihrer Oma gelernt. In Kochkursen gibt sie ihr Wissen mit viel Leidenschaft weiter und begeistert die Teilnehmer mit den vielfältigen Gerichten aus ihrer Heimat.

Dank der Autorin:
Ein großer Dank geht an **Anne-Katrin Weber**, die mich tatkräftig bei der Erstellung der Rezepte unterstützt hat.
www.annekatrinweber.de

Der Fotograf:
Wolfgang Schardt kann seine Liebe für Essen und Trinken beruflich ausleben: In seinem Studio in Hamburg fotografiert er Food, Stills und Interieur für Magazine, Verlage und Werbung und betreibt mit Anne-Katrin Weber den Blog veggielicious.de. Mit **Anne-Katrin Weber** (Foodstyling) und **Janet Hesse** (Foto-Assistenz) setzte er die köstlichen israelischen Gerichte in Szene.
www.wolfgangschardt.com

Bildnachweis:
Getty Images: U1, U4, 2, 7, 8-1, 9, 21, 26-2, 40, 41, 74, 98-1, 98-2, 129; Shutterstock: 6-1, 6-2, 27, 111; Silvio Knezevic: U1, 12, 52, 88, 120; Stocksy: 4, 8-2, 20, 26-1, 62-1, 62-2, 63, 75, 99, 110, 128-1, 128-2, 138, 139

Wolfgang Schardt:
Alle Rezeptfotos im Innenteil

Titelrezept:
Hähnchen-Schawarma, S. 73

Syndication:
www.seasons.agency

QUALITÄTS G|U GARANTIE

LIEBE LESERINNEN UND LESER,

wir wollen Ihnen mit diesem Buch Informationen und Anregungen geben, um Ihnen das Leben zu erleichtern oder Sie zu inspirieren, Neues auszuprobieren. Wir achten bei der Erstellung unserer Bücher auf Aktualität und stellen höchste Ansprüche an Inhalt und Gestaltung. Alle Anleitungen und Rezepte werden von unseren Autoren, jeweils Experten auf ihren Gebieten, gewissenhaft erstellt und von unseren Redakteur*innen mit größter Sorgfalt ausgewählt und geprüft.

Haben wir Ihre Erwartungen erfüllt? Sind Sie mit diesem Buch und seinen Inhalten zufrieden? Wir freuen uns auf Ihre Rückmeldung. Und wir freuen uns, wenn Sie diesen Titel weiterempfehlen, in Ihrem Freundeskreis oder bei Ihrem Online-Kauf.

Sollten wir Ihre Erwartungen so gar nicht erfüllt haben, tauschen wir Ihnen Ihr Buch jederzeit gegen ein gleichwertiges zum gleichen oder ähnlichen Thema um.

KONTAKT ZUM LESERSERVICE

GRÄFE UND UNZER VERLAG
Grillparzerstraße 12
81675 München
www.gu.de

GRÄFE UND UNZER
Ein Unternehmen der
GANSKE VERLAGSGRUPPE